MOEWIG

DR. OETKER KOCHBUCH

Selber backen leicht gemacht

MOEWIG

Alle Rezepte wurden in der
Dr. Oetker Versuchsküche ausprobiert und bieten die Garantie für gutes Gelingen. Dr. Oetker Kochbücher sind deshalb Bestseller, weil die Rezepte mühelos nachgekocht werden können.

Moewig Taschenbuchverlag Rastatt

Lizenzausgabe mit Genehmigung des Ceres-Verlags
Umschlagfoto und Fotos im Innenteil: C. P. Fischer
Verkaufspreis inkl. gesetzl. Mehrwertsteuer
Printed in Germany 1984
Druck und Bindung: Elsnerdruck GmbH, Berlin
ISBN 3-8118-7448-9

Inhalt

Vorwort

Selbstgebackene Kuchen, Torten und Plätzchen sind mit Recht der Stolz jeder Hausfrau. Sie geben dem Kaffee- oder Teetisch die persönliche Note und behagliche Atmosphäre. Gute Rezepte, die sicheres Gelingen gewährleisten, und einfache Zubereitung geben die Möglichkeit, dem Selbstgebackenen nicht nur die Fest- und Feiertage vorzubehalten, sondern mindestens an jedem Wochenende, aber auch recht oft einmal zwischendurch, ein leckeres Gebäck zu „zaubern".
Dieses Buch bietet neue Rezepte aus der Dr.-Oetker-Versuchsküche, sorgfältig erprobt und nach Gebäckarten geordnet, die immer etwas Besonderes bieten und jedem Anspruch gerecht werden.

In den folgenden Rezepten sind die Zutaten in Gramm angegeben, um das Gelingen zu gewährleisten.
Für das Abmessen kleiner Mengen jedoch soll die nachstehende Tabelle eine Hilfe sein.

10 g Weizenmehl	=	1 gestrichener Eßl.
25 g Weizenmehl	=	1 gut gehäufter Eßl.
2 g Dr. Oetker Gustin	=	1 gestrichener Teel.
10 g Dr. Oetker Gustin	=	1 schwach gehäufter Eßl.
15 g Dr. Oetker Gustin	=	1 gut gehäufter Eßl.
25 g Dr. Oetker Gustin	=	2 ½ schwach gehäufte Eßl.
3 g Dr. Oetker Backpulver Backin	=	1 gestrichener Teel.
10 g Zucker/Puderzucker	=	1 gehäufter Teel.
15 g Zucker/Puderzucker	=	1 gestrichener Eßl.
20 g Zucker/Puderzucker	=	1 schwach gehäufter Eßl.
25 g Zucker/Puderzucker	=	1 gut gehäufter Eßl.
10 g Kakao	=	1 gestrichener Eßl.
15 g Kakao	=	1 ½ gestrichene Eßl.
10 g Semmelmehl	=	1 gestrichener Eßl.
12 g Grieß	=	1 gestrichener Eßl.

Kleingebäck

Tupfen

	Einen Rührteig bereiten aus:
250 g Margarine, z. B. Sanella 175 g feinkörnigem Zucker, 1 Päckchen Dr. Oetker Vanillin-Zucker, 1 Ei 175 g Weizenmehl 175 g Dr. Oetker Gustin	
75 g Mandeln	abziehen, mahlen, zuletzt unter den Teig heben, ihn in einen Spritzbeutel (mit gezackter Tülle) füllen, in Form von kleinen Tupfen auf ein gefettetes Backblech spritzen
einige kandierte Kirschen	in kleine Stücke schneiden, auf jedes Teighäufchen ein Stückchen legen
Gas:	5 Minuten vorheizen 3–4, backen 3–4
Strom:	175–200 (vorgeheizt)
Backzeit:	10–15 Minuten.

Schokoknöpfchen

	Einen Rührteig bereiten aus
150 g Margarine, z. B. Sanella	
150 g Zucker	
2 Päckchen Dr. Oetker Vanillin-Zucker	
½ Fläschchen Dr. Oetker Rum-Aroma	
2 Eiern	
200 g Weizenmehl	
	den Teig in einen Spritzbeutel (mit gezackter Tülle) füllen, in Form von Tupfen nicht zu dicht nebeneinander auf ein Backblech spritzen
Gas:	5 Minuten vorheizen 4–5, backen 4–5
Strom:	200–225 (vorgeheizt)
Backzeit:	Etwa 10 Minuten
	sofort nach dem Backen die Plätzchen vom Backblech lösen
200 g Schokolade	
30 g Kokosfett	im Wasserbad oder auf der Automatikplatte zu einer geschmeidigen Masse verrühren, die erkalteten Plätzchen auf der Unterseite damit bestreichen, mit
Kokosraspeln	bestreuen.

Silvesterrosen

	Einen Knetteig bereiten aus:
250 g Weizenmehl 3 g (1 gestrichener Teel.) Dr. Oetker Backpulver Backin 10 g Zucker 1 Päckchen Dr. Oetker Vanillin-Zucker ½ gestrichener Teel. Salz 2 Eßl. Wasser 2 Eßl. Cognac 1 Ei 50 g Margarine, z. B. Sanella	
	sollte der Teig kleben, ihn nur kurze Zeit kalt stellen
	den Teig dünn ausrollen, runde Plätzchen (Durchmesser etwa 8 cm) ausstechen, diese 4mal kreuzförmig bis knapp zur Mitte einschneiden
	die Hälfte der Plätzchen in der Mitte mit
Milch	bestreichen, die übrigen so darauf legen (etwas andrücken), daß die Einschnitte versetzt sind
	die Teigstücke in siedendes
Ausbackfett	geben, sie sofort mit einem Holzlöffelstiel in der Mitte nach unten drücken, so daß eine Vertiefung entsteht, schwimmend auf beiden Seiten hellbraun backen, mit einem Schaumlöffel herausnehmen, auf einen Kuchenrost zum Abtropfen legen
	das etwas erkaltete Gebäck mit
Puderzucker	bestäuben, nach Belieben mit
Schlagsahne	verzieren, mit
kandierten Kirschen	garnieren.

Blankenhagener

	Einen Knetteig bereiten aus:
250 g Weizenmehl *3 g* *(1 gestrichener Teel.)* *Dr. Oetker Backpulver* *Backin* *75 g Zucker* *1 Päckchen* *Dr. Oetker* *Vanillin-Zucker* *1 Ei* *125 g Margarine,* *z. B. Sanella*	
	sollte der Teig kleben, ihn eine Zeitlang kalt stellen den Teig dünn ausrollen, runde Plätzchen und Ringe (Durchmesser etwa 4 cm) in gleicher Größe ausstechen, auf ein gefettetes Backblech legen
Gas:	5 Minuten vorheizen 3–4, backen 3–4
Strom:	175–200 (vorgeheizt)
Backzeit:	8–10 Minuten.
50 g Kuvertüre	im Wasserbad oder auf der Automatikplatte zu einer geschmeidigen Masse verrühren, die obere Seite der erkalteten Ringe damit bestreichen die erkalteten Plätzchen auf der Unterseite mit
etwa 125 g *Aprikosen-Konfitüre*	bestreichen, jeweils ein Ringplätzchen darauf legen, leicht andrücken.

Krokant-Butterplätzchen

Farbfoto auf Seite 33

	Für den Krokant
1 Messerspitze Butter	
30 g Zucker	zerlassen, unter Rühren erhitzen, bis der Zucker schwach gebräunt ist
60 g Mandeln	abziehen, hacken, hinzufügen, unter Rühren erhitzen bis der Krokant genügend gebräunt ist die Masse auf einer mit
Speiseöl	bestrichenen Platte erkalten lassen, in kleine Stücke zerstoßen einen Knetteig bereiten aus:
300 g Weizenmehl	
150 g Zucker	
1 Päckchen Dr. Oetker Vanillin-Zucker	
2 Eßl. Wasser	
150 g Butter	
	sollte der Teig kleben, ihn eine Zeitlang kalt stellen
	aus dem Teig knapp 3 cm dicke Rollen formen, mit
Eiweiß oder Dosenmilch	bestreichen, in dem Krokant wälzen, kalt stellen, bis der Teig hart geworden ist von den Rollen knapp ½ cm dicke Scheiben abschneiden, auf ein gefettetes Backblech legen
Gas:	5 Minuten vorheizen 3–4, backen 3–4
Strom:	200–225 (vorgeheizt)
Backzeit:	8–10 Minuten.

Butterpralinen

50 g Butter	schaumig rühren, nach und nach unter Rühren
150 g geriebene Schokolade	
1 Päckchen Dr. Oetker Flana Schokoladen-Dessert	
6 Tropfen Dr. Oetker Rum-Aroma	
20 g kleingeschnittene Schokolade	hinzufügen
	aus der Masse etwa walnußgroße Kugeln formen, in
etwa 40 g Schokoladenstreuseln	wälzen (am besten in einem Kaffeesieb), kalt stellen, damit sie fest werden.

Gefüllte Marzipanstangen

250 g Schwartau Marzipan-Rohmasse	verrühren, am besten mit einem elektrischen Handrührgerät
200 g Margarine, z. B. Sanella	hinzufügen, schaumig rühren
100 g Zucker 1 Päckchen Dr. Oetker Vanillin-Zucker 1 Ei 3 Tropfen Dr. Oetker Backöl Zitrone	hinzufügen
250 g Weizenmehl 100 g Dr. Oetker Gustin	mischen, sieben, eßlöffelweise unterrühren den Teig in einen Spritzbeutel (mit gezackter Tülle) füllen, 5 cm lange, leicht gewellte Stangen auf ein gefettetes Backblech spritzen
Gas:	5 Minuten vorheizen 3–4, backen 3–4
Strom:	175–200 (vorgeheizt)
Backzeit:	8–10 Minuten die gebackenen Marzipanstangen erkalten lassen, in zwei Hälften teilen
etwa 4 Eßl. Sauerkirsch-Konfitüre	durch ein Sieb streichen, die Hälfte der Marzipanstangen auf der glatten Seite damit bestreichen, die übrigen darauf legen, gut andrücken
etwa 250 g Kuvertüre	im Wasserbad oder auf der Automatikplatte zu einer geschmeidigen Masse verrühren, die Marzipanstangen mit den Enden hineintauchen.

Butterringe

150 g Butter	zerlassen, kalt stellen in das erkaltete, wieder etwas fest gewordene Fett nach und nach eßlöffelweise
75 g gesiebten Puderzucker *1 Päckchen Dr. Oetker Vanillin-Zucker*	geben, so lange rühren, bis Butter und Zucker weiß-schaumig geworden sind, dann
1 Ei *½ gestrichenen Teel. gemahlenen Koriander*	hinzufügen
175 g Weizenmehl *25 g Dr. Oetker Gustin*	mischen, sieben, eßlöffelweise unterrühren den Teig in einen Spritzbeutel (mit gezackter Tülle) füllen, in Form von Ringen auf ein Backblech spritzen
Gas:	5 Minuten vorheizen 3–4, backen 3–4
Strom:	175–200 (vorgeheizt)
Backzeit:	8–10 Minuten.

Vanille-Mürbchen

	Einen Knetteig bereiten aus:
250 g Weizenmehl 2 Päckchen Dr. Oetker Vanillin-Zucker 5 Eßl. dicke saure Sahne (möglichst einige Tage vorher bei Zimmertemperatur stehenlassen) 175 g Margarine, z. B. Sanella	
	sollte der Teig kleben, ihn eine Zeitlang kalt stellen den Teig ½ cm dick ausrollen, zunächst mit einer runden Form (Durchmesser etwa 6 cm) ausstechen, die Teigplätzchen mit einer kleineren Form (Durchmesser etwa 4 cm) dann so ausstechen, daß Ringe und Plätzchen entstehen diese auf der oberen Seite mit
etwas Dosenmilch	bestreichen, in
etwa 75 g Hagelzucker	drücken, mit der unteren Seite auf ein Backblech legen
Gas:	5 Minuten vorheizen 3–4, backen 3–4
Strom:	200–225 (vorgeheizt)
Backzeit:	10–15 Minuten.

Blätterteig-Nußhörnchen

Farbfoto auf Seite 34

1 Packung (300 g) Dr. Oetker Tiefkühlmarkt Blätterteig	bei Zimmertemperatur auftauen lassen für die Füllung
50 g Haselnußkerne	mahlen, mit
25 g Zucker	
2 Tropfen Dr. Oetker Backöl Bittermandel	
2 Eßl. Wasser	zu einer geschmeidigen Masse verrühren den Teig zu einer Platte von 70 × 14 cm ausrollen. Dreiecke daraus rädern oder schneiden (die breite Dreieckseite muß 10 cm lang sein) die Ränder der Dreiecke mit
Dosenmilch	bestreichen, die breite Seite jeweils mit etwas von der Füllung belegen, von dieser Seite her die Teigstücke zu Hörnchen aufrollen, auf ein mit kaltem Wasser abgespültes Backblech legen, nochmals dünn mit Dosenmilch bestreichen
Gas:	10 Minuten vorheizen 4–5, backen 4–5
Strom:	200–225 (vorgeheizt)
Backzeit:	Etwa 15 Minuten
50–75 g Puderzucker	sieben, mit
etwa 1 Eßl. heißem Wasser	glattrühren, so daß eine dickflüssige Masse entsteht die noch warmen Nußhörnchen mit dem Guß bestreichen.

Sahneplätzchen

Farbfoto auf Seite 35

	Einen Knetteig bereiten aus:
250 g Weizenmehl	
1 Messerspitze Dr. Oetker Backpulver Backin	
100 g Zucker	
1 Päckchen Dr. Oetker Vanillin-Zucker	
1 Eigelb	
175 g Margarine, z. B. Sanella	
	sollte der Teig kleben, ihn eine Zeitlang kalt stellen
	den Teig etwa 3 mm dick ausrollen, mit einer runden Form (Durchmesser etwa 6 cm) ausstechen, auf ein Backblech legen
1 Eiweiß	mit
1 Teel. Wasser	verquirlen, die Hälfte der Teigplätzchen dünn damit bestreichen, mit
Hagelzucker	bestreuen
Gas:	5 Minuten vorheizen 3–4, backen 3–4
Strom:	175–200 (vorgeheizt)
Backzeit:	Etwa 10 Minuten
	für die Füllung
¼ l Sahne	½ Minute schlagen
1 Päckchen Dr. Oetker Sahnesteif	
etwa 20 g Zucker	
etwas Dr. Oetker Vanillin-Zucker	mischen, einstreuen, die Sahne steif schlagen
	den Rand der nicht mit Hagelzucker bestreuten Plätzchen mit Schlagsahne bespritzen, in die Mitte

etwas Sauerkirschkompott (angedickt mit Dr. Oetker Gustin) oder Sauerkirsch-Konfitüre füllen, darauf je ein mit Hagelzucker bestreutes Plätzchen legen.

Makronenplätzchen

	Einen Knetteig bereiten aus:
500 g Weizenmehl *100 g gesiebtem Puderzucker* *2 Eigelb* *2 Eßl. Wasser* *6 Tropfen Dr. Oetker Backöl Zitrone* *250 g Butter*	
	sollte der Teig kleben, ihn eine Zeitlang kalt stellen den Teig etwa 3 mm dick ausrollen, mit einer runden Form (Durchmesser etwa 4 cm) ausstechen, auf ein Backblech legen
Gas:	5 Minuten vorheizen 3–4, backen 3–4
Strom:	175–200 (vorgeheizt)
Backzeit:	Etwa 12 Minuten
	für die Makronen
2 Eiweiß	so steif schlagen, daß ein Messerschnitt sichtbar bleibt, darunter nach und nach eßlöffelweise
100 g Zucker *abgeriebene gelbe Schale einer Zitrone (ungespritzt)*	schlagen
100 g Spaltmandeln	vorsichtig unter den Eischnee heben (nicht rühren!) mit 2 Teelöffeln kleine Häufchen auf ein gefettetes Backblech setzen
Gas:	Knapp ⅓ große Flamme; 1
Strom:	110–130 (vorgeheizt)
Backzeit:	30–40 Minuten
75 g Kuvertüre	im Wasserbad oder auf der Automatikplatte zu einer geschmeidigen Masse verrühren einen Teil der Plätzchen (gleiche Anzahl Plätz-

chen wie Makronen da sind) damit bestreichen, jeweils eine Mandelmakrone sofort darauf setzen

die übrigen Plätzchen mit der restlichen Kuvertüre mit Hilfe eines Teelöffels unregelmäßig besprenkeln.

Schweineöhrchen

1 Packung (300 g) Dr. Oetker Tiefkühlkost-Blätterteig	bei Zimmertemperatur auftauen lassen den Teig zu einer Platte von 55 × 22 cm ausrollen
25 g Butter	zerlassen, abkühlen lassen, auf die Teigplatte streichen, mit
50 g Zucker 1 Päckchen Dr. Oetker Vanillin-Zucker	bestreuen von der Teigplatte den linken Teil der langen Seite zu $\frac{2}{3}$ und den rechten zu $\frac{1}{3}$ zusammenlegen, so daß die Kanten aneinanderstoßen dann den Teig von der längeren Seite her zur Hälfte überschlagen, so vor sich liegen lassen dieses Teigstück zu einer Platte von 30 × 30 cm ausrollen die linke und die rechte Seite so zur Mitte hin überschlagen, daß in der Mitte 2 cm Teig frei bleiben, die linke Kante des Teiges auf die rechte legen, den Teig kalt stellen, damit er schnittfest wird mit einem scharfen Messer $\frac{1}{2}$ cm dicke Scheiben von dem Teig abschneiden (die Schweineöhrchen nach Belieben mit der oberen Seite in etwas Zucker drücken), auf ein mit kaltem Wasser abgespültes Backblech legen
Gas :	5 Minuten vorheizen 3–4, backen 3–4
Strom:	175–200 (vorgeheizt)
Backzeit:	15–20 Minuten
etwas Kuvertüre	im Wasserbad oder auf der Automatikplatte zu einer geschmeidigen Masse verrühren die Schweineöhrchen mit den beiden Rundungen hineintauchen.

Marzipanwürfel

	Einen Knetteig bereiten aus:
150 g Weizenmehl *1 ½ g (½ gestrichener Teel.) Dr. Oetker Backpulver Backin* *65 g Zucker* *1 Päckchen Dr. Oetker Vanillin-Zucker*	
1 Ei	(die Hälfte Eiweiß zurücklassen!)
65 g Margarine, z. B. Sanella	
	sollte der Teig kleben, ihn eine Zeitlang kalt stellen, den Teig in der Größe von 25 × 25 cm auf einem Backblech ausrollen, mehrmals mit einer Gabel einstechen, nur hellgelb backen
Gas:	5 Minuten vorheizen 3–4, backen 3–4
Strom:	200–225 (vorgeheizt)
Backzeit:	10–15 Minuten
etwa 100 g Aprikosen-Konfitüre	durch ein Sieb streichen, die gut ausgekühlte Gebäckplatte damit bestreichen
	für den Belag
250 g Schwartau Marzipan-Rohmasse	mit
150 g gesiebtem Puderzucker	verkneten, in der Größe von 25 × 25 cm auf
gesiebtem Puderzucker	ausrollen die Marzipanplatte auf die Gebäckplatte legen, gut andrücken, mit einem Messerrücken oder kleinen Förmchen Verzierungen eindrücken die obere Seite mit dem zurückgelassenen
Eiweiß	leicht bestreichen, das Backblech auf die oberste Schiene in den Backofen schieben, leicht überbacken

Gas:	8
Strom:	250 (vorgeheizt)
Backzeit:	10–15 Minuten
	das Gebäck gut auskühlen lassen, in Würfel schneiden
etwa 200 g Kuvertüre	im Wasserbad oder auf der Automatikplatte zu einer geschmeidigen Masse verrühren, die Marzipanwürfel bis zur Hälfte hineintauchen.

Kuchen in Formen und auf dem Blech

Zitronenkuchen auf dem Blech

	Einen Rührteig bereiten aus:
350 g Margarine, z. B. Sanella *350 g Zucker* *1 Päckchen Dr. Oetker Vanillin-Zucker* *6 Eiern* *abgeriebener gelber Schale von 2 Zitronen (ungespritzt)* *350 g Weizenmehl* *12 g (4 gestrichene Teel.) Dr. Oetker Backpulver Backin*	
	den Teig auf ein gefettetes Backblech geben, glattstreichen, vor den Teig ein mehrfach umgeknifftes Stück Aluminium-Haushaltsfolie legen
Gas:	3–4
Strom:	175–200 (vorgeheizt)
Backzeit:	Etwa 20 Minuten
200 g Puderzucker	sieben, mit
etwa 4 Eßl. Zitronensaft	glattrühren, so daß eine dickflüssige Masse entsteht, den erkalteten Kuchen damit bestreichen.

Apfelsinenkuchen

Farbfoto auf Seite 36

	Einen Rührteig bereiten aus:
375 g Margarine, z. B. Sanella	
300 g Zucker	
2 Päckchen Dr. Oetker Vanillin-Zucker	
6 Eiern	
abgeriebener gelber Schale einer großen Apfelsine (ungespritzt)	
1 Eßl. Apfelsinensaft	
250 g Weizenmehl	
125 g Dr. Oetker Gustin	
6 g (2 gestrichene Teel.) Dr. Oetker Backpulver Backin	
75 g Mandeln	abziehen, mahlen, zuletzt unter den Teig heben, ihn in eine gefettete Napfkuchenform füllen
Gas:	2–3
Strom:	150–175 (vorgeheizt)
Backzeit:	75–85 Minuten
200 g Puderzucker	sieben, mit
1 Eßl. Zitronensaft	
2–3 Eßl. Apfelsinensaft	glattrühren, so daß eine dickflüssige Masse entsteht, den erkalteten Kuchen damit überziehen, mit
abgezogenen, halbierten Mandeln	garnieren.

Rum-Nußkuchen

Farbfoto auf Seite 37

	Einen Rührteig bereiten aus:
275 g Margarine, z. B. Sanella	
175 g Zucker	
1 Päckchen Dr. Oetker Vanillin-Zucker	
4 Eiern	
200 g Weizenmehl	
3 g (1 gestrichener Teel.) Dr. Oetker Backpulver Backin	
150 g Haselnußkerne	mahlen, auf einem Backblech im Backofen leicht rösten
100 g Haselnußkerne	fein hacken, die Haselnußkerne zuletzt unter den Teig heben, ihn in eine gefettete, mit Papier ausgelegte Kastenform füllen
Gas:	2–3
Strom:	165–185 (vorgeheizt)
Backzeit:	60–75 Minuten
	in den heißen Kuchen mehrmals mit einem Holzstäbchen stechen, ihn von allen Seiten mit
5 Eßl. Rum	bepinseln
4 Eßl. Aprikosen-Konfitüre	durch ein Sieb streichen, mit
3 Eßl. Wasser	aufkochen, den Kuchen damit bestreichen, gut auskühlen lassen
100 g Schokolade	
etwas Kokosfett	im Wasserbad oder auf der Automatikplatte zu einer geschmeidigen Masse verrühren, den erkalteten Kuchen damit überziehen.

Kokoskuchen

	Einen Rührteig bereiten aus:
200 g Margarine, z. B. Sanella	
200 g Zucker	
1 Päckchen Dr. Oetker Vanillin-Zucker	
3 Eiern	
Salz	
3 Tropfen Dr. Oetker Backöl Bittermandel	
250 g Weizenmehl	
125 g Dr. Oetker Gustin	
12 g (4 gestrichene Teel.) Dr. Oetker Backpulver Backin	
5–6 Eßl. Milch	
	den Teig in eine gefettete Kranz-Form (Durchmesser etwa 24 cm) füllen
	für die Kokosmasse
75 g Kokosfett	zerlassen, abkühlen lassen
50 g Puderzucker	mit
30 g Kakao	in eine Rührschüssel sieben
1 Ei	und nach und nach das Kokosfett unterrühren
100 g Kokosraspeln	hinzufügen, unterrühren
	die Kokosmasse sofort auf dem Teig verteilen (sie darf noch nicht fest sein), mit einer Gabel spiralenförmig durch die beiden Schichten ziehen
Gas:	3–4
Strom:	175–200 (vorgeheizt)
Backzeit:	50–60 Minuten.

Raspelkuchen

	Für den Belag
150 g Margarine, z. B. Sanella	mit
200 g Zucker	
1 Päckchen Dr. Oetker Vanillin-Zucker	
2 Eßl. Milch	zerlassen
200 g Kokosraspeln	hinzufügen, unterrühren, abkühlen lassen
	einen Quark-Ölteig bereiten aus:
150 g Speisequark	
6 Eßl. Milch	
6 Eßl. Speiseöl	
75 g Zucker	
1 Päckchen Dr. Oetker Vanillin-Zucker	
Salz	
300 g Weizenmehl	
1 Päckchen Dr. Oetker Backpulver Backin	
	den Teig knapp ½ cm dick auf einem gefetteten Backblech ausrollen, mit
Milch	bestreichen
	die Kokosmasse gleichmäßig auf dem Teig verteilen, ein mehrfach umgeknicktes Stück Aluminium-Haushaltsfolie vor den Teig legen
Gas:	3–4
Strom:	175–200 (vorgeheizt)
Backzeit:	Etwa 20 Minuten
	das erkaltete Gebäck in Stücke von beliebiger Größe schneiden.

Bunter Kuchen

	Einen Rührteig bereiten aus:
250 g Margarine, z. B. Sanella	
175 g Zucker	
1 Päckchen Dr. Oetker Vanillin-Zucker	
4 Eiern	
150 g Weizenmehl	
150 g Dr. Oetker Gustin	
3 g (1 gestrichener Teel.) Dr. Oetker Backpulver Backin	
50 g Mandeln	abziehen, mahlen
100 g Maraschinokirschen	in Würfel schneiden
50 g Walnußkerne	grob hacken
50 g Zitronat (Sukkade)	in kleine Würfel schneiden die Zutaten zuletzt unter den Teig heben, ihn in eine gefettete, mit Papier ausgelegte Kastenform füllen.
Gas:	2–3
Strom:	165–185 (vorgeheizt)
Backzeit:	65–85 Minuten.

S. 33 Krokant- Butterplätzchen (Rezept S. 14)

S. 34 Blätterteig-Nußhörnchen (Rezept S. 19)

S. 35 Sahneplätzchen (Rezept S. 20)

S. 36 Apfelsinenkuchen (Rezept S. 29)

S. 37 Rum-Nußkuchen (Rezept S. 30)

S. 38 Gefüllter Marmorkuchen (Rezept S. 47)

S. 39 Kirsch-Grießtorte (Rezept S. 52)

S. 40 Apfelkuchen auf dem Blech (Rezept S. 53)

Bunter Zuckerkuchen

	Einen Quark-Ölteig bereiten aus:
150 g Speisequark	
6 Eßl. Milch	
6 Eßl. Speiseöl	
75 g Zucker	
1 Päckchen Dr. Oetker Vanillin-Zucker	
Salz	
300 g Weizenmehl	
1 Päckchen Dr. Oetker Backpulver Backin	
	den Teig ½ cm dick auf einem gefetteten Backblech ausrollen
	für den Belag
300 g Rosinen	waschen, gut abtropfen lassen, auf den Teig streuen, leicht andrücken
125 g Butter	zerlassen, etwas abgekühlt mit
1 Ei	verschlagen, gleichmäßig über die Rosinen verteilen, alles mit
100 g Hagelzucker oder grobem Zucker	
75 g Spaltmandeln	bestreuen
Gas:	3–4
Strom:	175–200 (vorgeheizt)
Backzeit:	Etwa 25 Minuten
	das Gebäck in Schnitten von beliebiger Größe schneiden, möglichst frisch essen.

Herren-Schokoladenkuchen

125 g Korinthen	waschen, gut abtropfen lassen, in
4 Eßl. Rum	einige Stunden einweichen
	einen Rührteig bereiten aus:
250 g Margarine, z. B. Sanella	
250 g Zucker	
1 Päckchen Dr. Oetker Vanillin-Zucker	
4 Eiern, Salz	
200 g Weizenmehl	
50 g Dr. Oetker Gustin	
15 g Kakao	
3 g (1 gestrichener Teel.) Dr. Oetker Backpulver Backin	
100 g Mandeln	abziehen, mahlen, auf einem Backblech im Backofen leicht rösten
75 g Mandeln	abziehen, hacken, alles mit den Korinthen zuletzt unter den Teig heben, ihn in eine mit Papier ausgelegte Kastenform füllen
Gas:	2–3
Strom:	165–175 (vorgeheizt)
Backzeit:	65–85 Minuten
	den erkalteten Kuchen mit
Puderzucker	bestäuben.

Kuchen im Schokoladen-Nußkleid

	Einen Rührteig bereiten aus:
200 g Margarine, z. B. Sanella 200 g Zucker, 2 Päckchen Dr. Oetker Vanillin-Zucker 4 Eiern, Salz ½ Fläschchen Dr. Oetker Rum-Aroma oder 4 Tropfen Dr. Oetker Backöl-Zitrone 200 g Weizenmehl 6 g (2 gestrichene Teel.) Dr. Oetker Backpulver Backin	
	den Teig in eine mit
Dr. Oetker Kuchenform-Spray	gefettete, mit Papier ausgelegte Kastenform füllen
Gas:	2–3
Strom:	165–185 (vorgeheizt)
Backzeit:	Etwa 60 Minuten
	den Kuchen nach dem Backen nach Belieben stürzen oder herausheben
100 g Schokolade etwas Kokosfett	im Wasserbad oder auf der Automatikplatte zu einer geschmeidigen Masse verrühren, den erkalteten Kuchen damit überziehen
	sobald der Guß etwas fest geworden ist, den Kuchen mit
etwa 50 g gehackten Haselnußkernen	bestreuen.

Sandkuchen

(mit gebräunter Butter)
(2 Personen)

125 g Butter	zerlassen, bräunen, kalt stellen in das erkaltete, wieder etwas fest gewordene Fett
100 g **feinkörnigen** *Zucker* *1 Päckchen Dr. Oetker Vanillin-Zucker*	geben, so lange rühren, bis Butter und Zucker weißschaumig geworden sind, dann **nach und nach** unter Rühren
2 Eier *Salz*	hinzufügen
100 g Weizenmehl *25 g Dr. Oetker Gustin* *1 ½ g (½ gestrichener Teel.) Dr. Oetker Backpulver Backin*	mischen, sieben, eßlöffelweise unterrühren den Teig in eine gefettete, mit Papier ausgelegte Dr. Oetker Klein-Kastenform füllen
Gas:	2–3
Strom:	175–200 (vorgeheizt)
Backzeit:	Etwa 55 Minuten.

Apfelsinenkuchen

(2 Personen)

	Einen Rührteig bereiten aus:
125 g Margarine, z. B. Sanella	
100 g Zucker	
1 Päckchen Dr. Oetker Vanillin-Zucker	
2 Eiern	
etwas abgeriebener gelber Apfelsinenschale (ungespritzt)	
75 g Weizenmehl	
50 g Dr. Oetker Gustin	
1 ½ g (½ gestrichener Teel.) Dr. Oetker Backpulver Backin	
30 g Mandeln	abziehen, mahlen, zuletzt unter den Teig heben, ihn in eine gefettete Dr. Oetker Klein-Napfkuchenform füllen
Gas:	2–3
Strom:	150–175 (vorgeheizt)
Backzeit:	Etwa 60 Minuten
125 g Puderzucker	sieben, mit
etwa 2 Eßl. Apfelsinensaft	glattrühren, so daß eine dickflüssige Masse entsteht, den erkalteten Kuchen damit überziehen, mit
abgezogenen halbierten Mandeln	garnieren.

Gefüllter Marmorkuchen

Farbfoto auf Seite 38

	Einen Rührteig bereiten aus
250 g Margarine, z. B. Sanella	
250 g Zucker	
1 Päckchen Dr. Oetker Vanillin-Zucker	
4 Eiern, Salz	
1 Fläschchen Dr. Oetker Rum-Aroma	
500 g Weizenmehl	
1 Päckchen Dr. Oetker Backpulver Backin	
⅛ l Milch	
	für die Füllung
50 g Zucker	
1 Päckchen Dr. Oetker Vanillin-Zucker	
20 g Kakao	
50 g abgezogene, gemahlene Mandeln	mit
etwa 3 Eßl. Wasser	verrühren, so daß eine geschmeidige Masse entsteht
	den Teig abwechselnd mit der Füllung in eine gefettete Napfkuchenform füllen
Gas:	3–4
Strom:	175–200 (vorgeheizt)
Backzeit:	50–60 Minuten.

Bunter Kuchen

(2 Personen)

	Einen Rührteig bereiten aus:
100 g Margarine, z. B. Sanella	
75 g Zucker	
1 Päckchen Dr. Oetker Vanillin-Zucker	
1 Ei, 60 g Weizenmehl	
60 g Dr. Oetker Gustin	
1 ½ g (½ gestrichener Teel.) Dr. Oetker Backpulver Backin	
1–2 Eßl. Milch	
20 g Mandeln	abziehen, mahlen
40 g Maraschinokirschen	in Würfel schneiden
20 g Walnußkerne	grob hacken
20 g Zitronat (Sukkade)	in kleine Würfel schneiden die Zutaten zuletzt unter den Teig heben, ihn in eine mit
Dr. Oetker Kuchenform-Spray	gefettete, mit Papier ausgelegte Dr. Oetker Klein-Kastenform füllen
Gas:	2–3
Strom:	165–185 (vorgeheizt)
Backzeit:	Etwa 60 Minuten.

Obstgebäck

Festkuchen

	Einen Knetteig bereiten aus:
250 g Weizenmehl *6 g* *(2 gestrichene Teel.)* *Dr. Oetker* *Backpulver Backin* *50 g Zucker* *1 Päckchen* *Dr. Oetker* *Vanillin-Zucker* *1 Ei* *2 Eßl. Dosenmilch* *100 g Margarine,* *z. B. Sanella*	
	sollte der Teig kleben, ihn eine Zeitlang kalt stellen ⅔ des Teiges auf dem Boden einer Springform (Durchmesser etwa 26 cm) ausrollen, den Rest des Teiges zu einer Rolle formen, sie als Rand auf den Boden legen, so an die Form drücken, daß der Rand knapp 3 cm hoch wird
	für den Belag
500 g Speisequark *1 Ei* *150 g Zucker* *1 Päckchen* *Dr. Oetker* *Vanillin-Zucker* *⅛ l Sahne*	gut verrühren
50 g Rosinen	waschen, gut abtropfen lassen, unterrühren die Masse auf dem Knetteigboden verstreichen
3 mittelgroße Äpfel	schälen, achteln, entkernen, auf die Quarkmasse verteilen

250 g gemahlenen Mohn	
¼ l Wasser	
125 g Zucker	erhitzen
⅛ l Sahne	
2 Tropfen Dr. Oetker Backöl Bittermandel	
1 Päckchen Dr. Oetker Soßen-Pulver Vanille-Geschmack	unterrühren, kurz aufkochen lassen, kalt stellen
	die erkaltete Mohnmasse auf die Äpfel verteilen
	für die Streusel
150 g Weizenmehl	in eine Rührschüssel sieben, mit
60 g Zucker	
1 Päckchen Dr. Oetker Vanillin-Zucker	mischen
100 g Butter oder Margarine	in Flöckchen dazugeben, alle Zutaten mit den Händen oder mit 2 Gabeln zu Streuseln vermengen, auf die Mohnmasse verteilen
Gas:	3–4
Strom:	200–225 (vorgeheizt)
Backzeit:	60–70 Minuten.

Kirsch-Grießtorte

Farbfoto auf Seite 39

½ l Milch	mit
Salz	erhitzen, von der Kochstelle nehmen
125 g Grieß	unter Rühren einstreuen, zum Quellen stehenlassen
1 kg Süßkirschen	waschen, entstielen, entsteinen
60 g Butter oder Margarine	schaumig rühren, nach und nach unter Rühren
125 g Zucker, 1 Päckchen Dr. Oetker Vanillin-Zucker 3 Eigelb abgeriebene gelbe Schale einer halben Zitrone (ungespritzt) 75 g abgezogene, gemahlene Mandeln	und den noch warmen Grießbrei hinzufügen, gut mit einem Schneebesen verrühren
3 Eiweiß	so steif schlagen, daß ein Messerschnitt sichtbar bleibt, mit den Kirschen vorsichtig unter die Grießmasse heben, in eine gefettete Springform (Durchmesser etwa 26 cm) füllen, glattstreichen
Gas:	3–4
Strom:	175–200 (vorgeheizt)
Backzeit:	Etwa 45 Minuten.

Apfelkuchen auf dem Blech

Farbfoto auf Seite 40

	Einen Knetteig bereiten aus:
200 g Weizenmehl 3 g (1 gestrichener Teel.) Dr. Oetker Backpulver Backin 50 g Zucker, 1 Päckchen Dr. Oetker Vanillin-Zucker Salz, 2 Eigelb 100 g Margarine, z. B. Sanella	
	sollte der Teig kleben, ihn eine Zeitlang kalt stellen den Teig zu einem Rechteck von 32 × 27 cm auf einem Backblech ausrollen, vor den Teig ein mehrfach umgeknicktes Stück Aluminium-Haushaltsfolie legen für den Belag
6 mittelgroße mürbe Äpfel (etwa 1¼ kg)	schälen, halbieren, entkernen, mehrmals der Länge nach einritzen, gleichmäßig auf den Teig legen
etwas Eiweiß	verschlagen, den Teig zwischen den Apfelstükken damit bestreichen
25 g Zucker	mit
1 Messerspitze gemahlenem Zimt	mischen
25 g Mandeln	abziehen, hacken, die Zutaten auf den mit Eiweiß bestrichenen Teig streuen

Gas:	3–4
Strom	175–200 (vorgeheizt)
Backzeit:	Etwa 25 Minuten
50 g	
Aprikosen-Konfitüre	durch ein Sieb streichen, mit
1 Eßl. Wasser	unter Rühren aufkochen lassen, die noch heißen Äpfel damit bestreichen.

Feiner Apfelkuchen

(Eigelbverwendung)

	Einen Knetteig bereiten aus:
250 g Weizenmehl *3 g (1 gestr. Teel.)* *Dr. Oetker* *Backpulver Backin* *100 g Zucker* *1 Päckchen* *Dr. Oetker* *Vanillin-Zucker* *Salz* *1 Messerspitze* *gemahlenem Zimt* *3 Eigelb* *150 g Margarine,* *z. B. Sanella*	
	sollte der Teig kleben, ihn kurze Zeit kalt stellen den Teig etwa ½ cm dick auf einem gefetteten Backblech ausrollen
Gas:	5 Minuten vorheizen 3–4, backen 3–4
Strom:	175–200 (vorgeheizt)
Backzeit:	10–15 Minuten sofort nach dem Backen die Platte vom Backblech lösen
	für den Belag
2 ½ kg Äpfel	schälen, vierteln, entkernen, in kleine Stücke schneiden, mit
etwa 100 g Zucker *etwa 30 g Margarine,* *z. B. Sanella* *75 g abgezogenen,* *gehackten Mandeln*	leicht dünsten lassen, kalt stellen, evtl. noch mit
Zucker	abschmecken, gleichmäßig auf die Knetteigplatte streichen

einige Maraschinokirschen — so in die Apfelmasse stecken, daß sie jeweils in der Mitte der später geschnittenen Stücke liegen

aus

1 Päckchen Dr. Oetker Tortenguß klar
25 g Zucker
¼ l Flüssigkeit (halb Wasser, halb Weißwein) — einen Guß nach der Vorschrift auf dem Tortenguß-Päckchen zubereiten, schnell eßlöffelweise über die Apfelmasse verteilen

nach dem völligen Erkalten den Apfelkuchen in die Portionsstücke schneiden.

Sauerkirschkuchen

	Einen Rührteig bereiten aus:
125 g Margarine, z. B. Sanella	
125 Zucker	
1 Päckchen Dr. Oetker Vanillin-Zucker	
3 Eiern	
150 g Weizenmehl	
3 g (1 gestrichener Teel.) Dr. Oetker Backpulver Backin	
	den Teig in eine gefettete Springform (Durchmesser etwa 26 cm) füllen, glattstreichen für den Belag
1–1 ¼ kg Sauerkirschen	waschen, entstielen, entsteinen, gleichmäßig auf den Teig legen, mit
50 g Zucker	bestreuen
Gas:	3–4
Strom:	175–200 (vorgeheizt)
Backzeit:	40–50 Minuten.

Pfirsichschnitten

	Einen Rührteig bereiten aus:
150 g Margarine, z. B. Sanella	
150 g Zucker	
1 Päckchen Dr. Oetker Vanillin-Zucker	
4 Eiern	
Salz	
5 Tropfen Dr. Oetker Backöl Zitrone	
250 g Weizenmehl	
9 g (3 gestr. Teel.) Dr. Oetker Backpulver Backin	
	den Teig auf ein mit
Dr. Oetker Kuchenform-Spray	gefettetes Backblech geben, glattstreichen, vor den Teig ein mehrfach umgeknifftes Stück Aluminium-Haushaltsfolie legen
	für den Belag
etwa 900 g Pfirsiche (aus der Dose)	abtropfen lassen, in Scheiben schneiden, auf den Teig legen
150 g Weizenmehl	in eine Rührschüssel sieben, mit
75 g Zucker, 1 Päckchen Dr. Oetker Vanillin-Zucker	mischen
100 g Butter	in Flöckchen dazugeben, alle Zutaten mit den Händen oder mit 2 Gabeln zu Streuseln vermengen, auf die Pfirsiche verteilen
Gas:	3–4
Strom:	175–200 (vorgeheizt)
Backzeit:	Etwa 25 Minuten

100 g Puderzucker sieben, mit
etwa 2 Eßl. Zitronensaft glattrühren, so daß eine dickflüssige Masse entsteht

sofort nach dem Backen den Guß mit einem Pinsel oder mit einem Teelöffel auf dem Gebäck verteilen

das erkaltete Gebäck in Schnitten von beliebiger Größe schneiden.

Birnentorte

	Einen Knetteig bereiten aus:
150 g Weizenmehl *1 ½ g* *(½ gestrichener Teel.)* *Dr. Oetker* *Backpulver Backin* *65 g Zucker* *1 Päckchen* *Dr. Oetker* *Vanillin-Zucker* *1 kleines Ei* *65 g Margarine,* *z. B. Sanella*	
	sollte der Teig kleben, ihn eine Zeitlang kalt stellen ⅔ des Teiges auf dem Boden einer Springform (Durchmesser etwa 26 cm) ausrollen, unter den Rest des Teiges
1 gestrichenen *Eßl. Weizenmehl*	kneten, zu einer Rolle formen, sie als Rand auf den Boden legen, so an die Form drücken, daß der Rand knapp 3 cm hoch wird den Teigboden mehrmals mit einer Gabel einstechen
Gas:	5 Minuten vorheizen 3–4, backen 3–4
Strom:	200–225 (vorgeheizt)
Backzeit:	15 – 20 Minuten
50 g bittere Schokolade	im Wasserbad oder auf der Automatikplatte zu einer geschmeidigen Masse verrühren, Boden und Rand der Torte von innen damit bestreichen, fest werden lassen

	für den Belag
1 ½ kg Birnen	schälen, vierteln, entkernen mit
50 g Zucker	
1 Päckchen Dr. Oetker Vanillin-Zucker	
3 Eßl. Wasser	
3 Zitronenscheiben	
1 Stück Stangenzimt	leicht dünsten, kalt stellen, abtropfen lassen, fächerartig auf den Tortenboden legen aus
1 Päckchen Dr. Oetker Tortenguß klar	
¼ l Wasser oder Birnensaft	
Zucker nach Angabe auf dem Tortenguß-Päckchen	einen Guß nach der Vorschrift auf dem Tortenguß-Päckchen zubereiten, gleichmäßig über die Birnen verteilen
¼ l Sahne	½ Minute schlagen
1 Päckchen Dr. Oetker Sahnesteif	
1 Teel. Zucker	mischen, einstreuen, die Sahne steif schlagen
2 Eßl. Rum	vorsichtig unterziehen die Torte bergartig mit der Rumsahne bestreichen, mit
geraspelter Schokolade	bestreuen.

Apfelkuchen, Hannoversche Art

	Für die Füllung
50–75 g Rosinen oder Korinthen	waschen, gut abtropfen lassen
1 ½–2 kg Äpfel	schälen, vierteln, entkernen, in Stücke schneiden, mit
30–40 g Butter *50 g Zucker* *1 gestrichenen Teel. gemahlenem Zimt*	und den Rosinen (Korinthen) unter Rühren leicht dünsten, etwas abkühlen lassen, mit
75 g Zucker	abschmecken
	einen Quark-Ölteig bereiten aus:
200 g Speisequark *6 Eßl. Milch* *1 Ei* *8 Eßl. (⅛ l) Speiseöl* *100 g Zucker* *1 Päckchen Dr. Oetker Vanillin-Zucker* *Salz* *400 g Weizenmehl* *1 Päckchen und 6 g (2 gestrichene Teel.) Dr. Oetker Backpulver Backin*	
	gut die Hälfte des Teiges so ausrollen, daß er etwas größer ist als das Backblech den Teig auf das gefettete Backblech legen, die erkaltete Füllung gleichmäßig darauf verteilen, dabei an der offenen Seite des Blechs etwa 2 cm Teig frei lassen, die überstehenden Teigränder über die Füllung schlagen den Rest des Teiges in der Größe des Backblechs ausrollen, als Decke auf die Füllung legen (Ränder gut andrücken)

50–75 g Butter	zerlassen, die Teigdecke damit bestreichen
50–75 g Zucker	
1 Päckchen	
Dr. Oetker	
Vanillin-Zucker	
50–75 g Spaltmandeln	
oder in feine Scheiben	
geschnittene	
Haselnußkerne	mischen, auf die Teigdecke streuen
Gas:	5 Minuten vorheizen 3–4, backen 3–4
Strom:	200–225 (vorgeheizt)
Backzeit:	20–30 Minuten.

Stachelbeerschnitten

	Einen Knetteig bereiten aus:
200 g Weizenmehl *3 g* *(1 gestrichener Teel.)* *Dr. Oetker* *Backpulver Backin* *75 g Zucker,* *1 Päckchen* *Dr. Oetker* *Vanillin-Zucker* *1 Ei* *100 g Margarine,* *z. B. Sanella*	
	sollte der Teig kleben, ihn eine Zeitlang kalt stellen
	den Teig in der Größe von etwa 30 × 30 cm auf einem mit
Dr. Oetker *Kuchenform-Spray*	gefetteten Backblech ausrollen, mehrmals mit einer Gabel einstechen
Gas:	5 Minuten vorheizen 3–4, backen 3–4
Strom:	200–225 (vorgeheizt)
Backzeit:	Etwa 20 Minuten
	sofort nach dem Backen die Platte auf dem Backblech halbieren, lösen, gut auskühlen lassen
	für die Füllung
1 Päckchen *Dr. Oetker* *Gelatine gemahlen, weiß*	mit
3 Eßl. kaltem Wasser	anrühren, 10 Minuten zum Quellen stehenlassen
750 g Stachelbeeren	von Stiel und Blüte befreien, waschen, abtropfen lassen, mit
200 g Zucker, *2 Eßl. Wasser*	unter vorsichtigem Rühren weich dünsten (dür-

	fen nicht zerfallen!), abtropfen lassen, den Saft auf ¼ l auffüllen (evtl. mit Wasser ergänzen!) den Inhalt der beiden Beutel aus
1 Päckchen Dr. Oetker Marimba Zitrone-Geschmack	(auch die in dem großen Beutel befindliche Gelatinekapsel mit dem natürlichen Zitronenöl) mit
75 g Zucker	mischen, von
¼ l Wasser	6 Eßl. abnehmen, das Gemischte damit anrühren, das übrige Wasser und den Stachelbeersaft erhitzen, das Pudding-Pulver unter Rühren in die kochende, von der Kochstelle genommene Flüssigkeit geben, kurz aufkochen lassen, von der Kochstelle nehmen, die gequollene Gelatine dazugeben, so lange rühren, bis sie gelöst ist, die Stachelbeeren unterheben, kalt stellen, ab und zu durchrühren
	für den Krokant
1 Messerspitze Butter, 15 g Zucker	zerlassen, unter Rühren erhitzen, bis der Zukker schwach gebräunt ist
30 g Mandeln	abziehen, hacken, hinzufügen, unter Rühren erhitzen, bis der Krokant genügend gebräunt ist die Masse auf einer mit
Speiseöl	bestrichenen Platte erkalten lassen, in kleine Stücke zerstoßen eine der beiden Knetteigplatten mit der Stachelbeermasse gleichmäßig bestreichen, die zweite Platte darauf legen, gut andrücken.
½ l Sahne	½ Minute schlagen
50 g Zucker 2 Päckchen Dr. Oetker Sahnesteif	mischen, einstreuen, die Sahne steif schlagen
4 Eßl. Zitronensaft	vorsichtig unterziehen, gleichmäßig auf dem oberen Knetteigboden verstreichen, mit dem Krokant bestreuen das Gebäck in Schnitten von beliebiger Größe schneiden.

Sahne- und Cremegebäck

Fruchtkranz

	Einen Rührteig bereiten aus:
100 g Margarine, z. B. Sanella *150 g Zucker* *1 Päckchen Dr. Oetker Vanillin-Zucker* *3 Eiern* *Salz* *4 Tropfen Dr. Oetker Backöl Zitrone* *150 g Weizenmehl* *50 g Dr. Oetker Gustin* *6 g (2 gestrichene Teel.) Dr. Oetker Backpulver Backin*	
	den Teig in eine mit
Dr. Oetker Kuchenform-Spray	gefettete Kranz-Form (Durchmesser etwa 24 cm) füllen
Gas:	3–4
Strom:	175–200 (vorgeheizt)
Backzeit:	35–40 Minuten das Gebäck gut auskühlen lassen
	für die Füllung aus
1 Päckchen Dr. Oetker Fruttina Zitrone-Geschmack *100 g Zucker*	nach der Vorschrift auf dem Päckchen einen Pudding zubereiten, kalt stellen, ab und zu durchrühren
200 g Butter	schaumig rühren, den Pudding eßlöffelweise darunter geben (darauf achten, daß weder Butter noch Pudding zu kalt sind, da dann die sogenannte Gerinnung eintritt!)

für den Krokant

1 Messerspitze Butter
60 g Zucker zerlassen, unter Rühren so lange erhitzen, bis der Zucker schwach gebräunt ist

125 g Mandeln abziehen, hacken, hinzufügen, unter Rühren erhitzen, bis der Krokant genügend gebräunt ist, die Masse auf einer mit

Speiseöl bestrichenen Platte erkalten lassen, in kleine Stücke zerstoßen

das Gebäck zweimal durchschneiden, mit Creme füllen, bestreichen (etwas zurücklassen!), mit dem Krokant bestreuen, mit der zurückgelassenen Creme verzieren, reichlich mit

Mandarinenspalten garnieren.

Mandarinen-Nußtorte

	Einen Rührteig bereiten aus:
150 g Margarine, z. B. Sanella	
125 g Zucker	
1 Päckchen Dr. Oetker Vanillin-Zucker	
4 Eigelb	
100 g Weizenmehl	
9 g (3 gestrichene Teel.) Dr. Oetker Backpulver Backin	
100 g Haselnußkerne	mahlen
100 g Schokolade	reiben, die beiden Zutaten unterrühren
4 Eiweiß	so steif schlagen, daß ein Messerschnitt sichtbar bleibt, zuletzt vorsichtig unter den Teig ziehen (nicht rühren!) den Teig in eine mit Papier ausgelegte Springform (Durchmesser etwa 26 cm) füllen, sofort backen
Gas:	3–4
Strom:	175–200 (vorgeheizt)
Backzeit:	Etwa 30 Minuten den Tortenboden gut auskühlen lassen
	für die Füllung
2 gehäufte Teel. Dr. Oetker Gelatine gemahlen, weiß	mit
4 Eßl. kaltem Wasser	anrühren, 10 Minuten zum Quellen stehenlassen, unter Rühren erwärmen, bis sie gelöst ist, kühl stellen aus

1 Päckchen Dr. Oetker Aranca Mandarine-Geschmack ¼ l Wasser von Zimmertemperatur	nach der Vorschrift auf dem Päckchen eine Aranca-Speise zubereiten
½ l Sahne	fast steif schlagen, die lauwarme Gelatinelösung hinzufügen, die Sahne vollkommen steif schlagen ⅓ der Schlagsahne unter die Aranca-Speise ziehen, die Creme kalt stellen, damit sie etwas fester wird den Tortenboden einmal durchschneiden, den unteren Boden mit der Creme bestreichen, den oberen darauf legen, gut andrücken
30 g Puderzucker	sieben, unter die restliche Schlagsahne rühren, Rand und obere Seite der Torte gleichmäßig mit Schlagsahne bestreichen (etwas zum Verzieren zurücklassen!) den Rand und einen etwa 5 cm breiten Rand auf der Torte mit
50 g gemahlenen, gerösteten Haselnußkernen	bestreuen, die Torte mit der zurückgelassenen Schlagsahne verzieren, mit
Schokoladenplättchen	garnieren.

Festtorte

Für diese Torte 3 Biskuitböden (Durchmesser etwa 26 cm) zubereiten
Teig pro Biskuitboden:

3 Eigelb
3 Eßl. warmes Wasser
150 g Zucker,
1 Päckchen Dr. Oetker Vanillin-Zucker
3 Eiweiß
100 g Weizenmehl
100 g Dr. Oetker Gustin
9 g (3 gestrichene Teel.) Dr. Oetker Backpulver Backin
75 g Margarine, z. B. Sanella

zerlassen, abgekühlt vorsichtig hinzufügen, den Teig in eine mit Papier ausgelegte Springform (Durchmesser etwa 26 cm) füllen, sofort backen

Gas: 3–4
Strom: 175–200 (vorgeheizt)
Backzeit: 20–30 Minuten

auf diese Weise die 3 Biskuitböden zubereiten, gut auskühlen lassen

für die **helle** Buttercreme aus

1 Päckchen Dr. Oetker Pudding-Pulver Vanille-Geschmack
100 g Zucker
½ l kalter Milch

nach der Vorschrift auf dem Päckchen einen Pudding zubereiten, kalt stellen, ab und zu durchrühren

für die **dunkle** Buttercreme aus

1 Päckchen Dr. Oetker Gala Schokoladen-Pudding-Pulver
100 g Zucker,
½ l kalter Milch

nach der Vorschrift auf dem Päckchen einen Pudding zubereiten, kalt stellen, ab und zu durchrühren
die helle **und** die dunkle Buttercreme – jede für sich – folgendermaßen zubereiten:

je 250 g Butter

schaumig rühren, den Pudding eßlöffelweise darunter geben (darauf achten, daß weder Butter noch Pudding zu kalt sind, da dann die sogenannte Gerinnung eintritt!)
von den Tortenböden den zweiten auf 20 cm, den dritten auf 16 cm Durchmesser verkleinern (die Gebäckreste zu Rumkugeln Rezept S. 84 verwenden)
alle Biskuitböden zweimal waagerecht durchschneiden, füllen, die oberen Seiten sowie die Ränder der Torten bestreichen: den großen Boden mit einem Teil von

150 g Sauerkirschmarmelade

und ⅔ der hellen Buttercreme, den mittleren Boden mit

75 g Aprikosenmarmelade

und der Hälfte der dunklen Buttercreme, den kleinen Boden mit der restlichen Sauerkirschmarmelade und der restlichen hellen Creme, die Ränder der Torten mit

75 g Spaltmandeln

(nach Belieben auf einem Backblech im Backofen bräunen) bestreuen, die Tortenböden aufeinandersetzen, die obere Tortenfläche und die Abstufungen der Torte mit der restlichen dunklen Creme verzieren, mit

kandierten Kirschen
Schokoladenplättchen

garnieren.

Frankfurter Cremeschnitten

Farbfoto auf Seite 121

	Einen Rührteig bereiten aus:
100 g Margarine, z. B. Sanella	
100 g Zucker	
1 Päckchen Dr. Oetker Vanillin-Zucker	
2 Eiern	
Salz	
3 Tropfen Dr. Oetker Backöl Zitrone	
100 g Weizenmehl	
3 g (1 gestrichener Teel.) Dr. Oetker Backpulver Backin	
	den Teig in eine gefettete, mit Papier ausgelegte Form füllen
Gas:	3–4
Strom:	175–200 (vorgeheizt)
Backzeit:	Etwa 20 Minuten
	für den Krokant
1 Messerspitze Butter	
30 g Zucker	zerlassen, unter Rühren so lange erhitzen, bis der Zucker schwach gebräunt ist
60 g Mandeln	abziehen, hacken, hinzufügen, unter Rühren erhitzen, bis der Krokant genügend gebräunt ist, die Masse auf einer mit
Speiseöl	bestrichenen Platte erkalten lassen, in kleine Stücke zerstoßen
	für die Füllung eine Creme nach der Vorschrift bereiten aus:

¼ l Milch von Zimmertemperatur
½ Päckchen (72 g) Dr. Oetker Torten-Creme-Pulver
150 g Butter

das erkaltete Gebäck einmal durchschneiden, den unteren Boden mit ¾ der Creme bestreichen, den oberen Boden darauf legen
Rand und obere Seite des Gebäcks gleichmäßig mit Creme bestreichen
den Rand mit dem Krokant bestreuen, die obere Seite mit der restlichen Creme verzieren, mit

Maraschinokirschen

garnieren.

Apfelsinenrolle

	Einen Biskuitteig bereiten aus:
4 Eigelb *3 Eßl. warmem Wasser* *125 g Zucker,* *1 Päckchen* *Dr. Oetker* *Vanillin-Zucker* *4 Eiweiß* *75 g Weizenmehl* *50 g Dr. Oetker Gustin* *20 g Kakao* *3 g* *(1 gestrichener Teel.)* *Dr. Oetker* *Backpulver Backin* *50 g Margarine,* *z. B. Sanella*	zerlassen, abgekühlt vorsichtig hinzufügen den Teig etwa 1 cm dick auf ein gefettetes, mit Aluminium-Haushaltsfolie oder Pergamentpapier belegtes Backblech streichen (damit der Teig an der offenen Seite des Backblechs nicht auslaufen kann, die Folie (Papier) unmittelbar vor dem Teig zur Falte kniffen, so daß ein Rand entsteht), sofort backen
Gas:	5 Minuten vorheizen 3–4, backen 3–4
Strom:	200–225 (vorgeheizt)
Backzeit:	10–15 Minuten
Zucker	sofort nach dem Backen den Biskuit auf ein mit bestreutes Papier stürzen, die Folie (Papier) vorsichtig, aber schnell abziehen, den Biskuit mit der Papierunterlage aufrollen, kalt stellen
	für den Krokant
1 Messerspitze Butter *50 Zucker*	zerlassen, unter Rühren erhitzen, bis der Zucker schwach gebräunt ist

100 g Mandeln	abziehen, hacken, hinzufügen, unter Rühren erhitzen, bis der Krokant genügend gebräunt ist
	die Masse auf einer mit
Speiseöl	bestrichenen Platte erkalten lassen, in kleine Stücke zerstoßen
	für die Füllung
1 Päckchen Dr. Oetker Gelatine gemahlen, weiß	mit
2 Eßl. kaltem Wasser	anrühren, 10 Minuten zum Quellen stehenlassen
1 Apfelsine	mit heißem Wasser abwaschen, abtrocknen, mit den Ecken von
4 Stück Würfelzucker	die Apfelsinenschale abreiben, die gequollene Gelatine mit dem Würfelzucker unter Rühren erwärmen, bis alles gelöst ist
2 Eßl. Zitronensaft	hinzufügen, kühl stellen
½ l Sahne	fast steif schlagen, die lauwarme Gelatinelösung hinzufügen, die Sahne vollkommen steif schlagen
75–100 g Puderzucker	sieben, vorsichtig unterheben
	die ausgekühlte Rolle vorsichtig auseinanderrollen, mit ⅔ der Schlagsahne bestreichen, aufrollen (die äußere braune Haut beim Aufrollen entfernen!), von außen mit der restlichen Schlagsahne bestreichen, mit dem Krokant bestreuen.

Holländer Kirschtorte

Farbfoto auf Seite 122

1 Packung (300 g) Dr. Oetker Tiefkühlkost-Blätterteig	bei Zimmertemperatur auftauen lassen den Teig zu einer Platte von 60 × 30 cm ausrollen, in der Größe eines Springformbodens (Durchmesser etwa 26 cm) 2 Böden ausrädern den Rest des Teiges zusammenlegen, zu einem dritten Boden ausrollen, auf mit kaltem Wasser abgespülte Backbleche (evtl. nacheinander) legen, mehrmals mit einer Gabel einstechen die Bleche nacheinander in den Backofen schieben
Gas:	5 Minuten vorheizen 4–5, backen 4–5
Strom:	200–225 (vorgeheizt)
Backzeit:	Jeweils 10–15 Minuten
	die Böden auf einem Kuchenrost erkalten lassen
	für die Füllung
500 g entsteinte Sauerkirschen (aus dem Glas)	abtropfen lassen, den Saft auf ¼ l auffüllen (evtl. mit Wasser ergänzen!), mit 4 Eßl. von dem Saft
30 g Dr. Oetker Gustin	anrühren, den übrigen Saft erhitzen, das angerührte Gustin unter Rühren in den kochenden, von der Kochstelle genommenen Saft geben, kurz aufkochen lassen die Kirschen unterheben, evtl. mit
Zucker	abschmecken, kalt stellen

2 schwach gehäufte Teel. Dr. Oetker Gelatine gemahlen, weiß	mit
3 Eßl. kaltem Wasser	anrühren, 10 Minuten zum Quellen stehenlassen, unter Rühren erwärmen, bis sie gelöst ist, kühl stellen
½ l Sahne	fast steif schlagen, die lauwarme Gelatinelösung
50 g gesiebten Puderzucker 1 Päckchen Dr. Oetker Vanillin-Zucker	hinzufügen, die Sahne vollkommen steif schlagen
	auf den ersten Boden außen einen dicken Ring von Schlagsahne spritzen, die Mitte mit der Kirschcreme füllen, den zweiten Boden darauf legen, wieder mit Schlagsahne einen dicken Ring entlang der Kante spritzen
	die Mitte mit Schlagsahne (etwa 3 Eßl. für die obere Seite der Torte zurücklassen!) bestreichen
	den dritten Boden in 12 gleichmäßige Stücke schneiden, sorgfältig auf den mit Schlagsahne bestrichenen Boden legen, gut andrücken
	die obere Seite der Torte gleichmäßig mit der zurückgelassenen Schlagsahne bestreichen, mit
20 g geraspelter Schokolade	bestreuen.

Zitronen-Schokoladentorte

Einen Knetteig bereiten aus:

300 g Weizenmehl
6 g
(2 gestrichene Teel.)
Dr. Oetker
Backpulver Backin
10 g Kakao
180 g Zucker
1 Päckchen
Dr. Oetker
Vanillin-Zucker
1 Ei
180 g Margarine,
z. B. Sanella
200 g gemahlenen
Haselnußkernen

sollte der Teig kleben, ihn eine Zeitlang kalt stellen, aus dem Teig 4 Böden herstellen
dazu jeweils ¼ des Teiges auf einem kantenlosen, gefetteten Springformboden (Durchmesser etwa 26 cm) ausrollen, jeden Boden ohne Springformrand backen

Gas: 5 Minuten vorheizen 3–4, backen 3–4
Strom: 175–200 (vorgeheizt)
Backzeit: Jeweils 10–15 Minuten

sofort nach dem Backen die Böden vom Springformboden lösen, einen davon in 16 Stücke schneiden, erkalten lassen

50 g Schokolade
10 g Kokosfett

im Wasserbad oder auf der Automatikplatte zu einer geschmeidigen Masse verrühren, die 16 Tortenstücke auf einer Seite gleichmäßig damit bestreichen

	für die Füllung
3 gestrichene Teel. Dr. Oetker Gelatine gemahlen, weiß	mit
3 Eßl. kaltem Wasser	anrühren, 10 Minuten zum Quellen stehenlassen
1 Zitrone (ungespritzt)	mit heißem Wasser abwaschen, abtrocknen, mit den Ecken von
5 Stück Würfelzucker	die Zitronenschale abreiben die gequollene Gelatine mit dem Würfelzucker unter Rühren erwärmen, bis alles gelöst ist
7 Eßl. Zitronensaft	hinzufügen, kühl stellen
¾ l Sahne	fast steif schlagen, die lauwarme Gelatinelösung hinzufügen, die Sahne vollkommen steif schlagen
150 g Puderzucker	sieben, vorsichtig unterheben, einen Teil der Schlagsahne in einen Spritzbeutel füllen, einen der gebackenen Böden so einteilen, daß 16 Stücke von der Mitte aus zum Rand mit „Sahnetütchen“ bespritzt werden können, die beiden übrigen Böden mit der restlichen Schlagsahne bestreichen (nach Belieben bespritzen), aufeinandersetzen, mit dem verzierten Boden bedecken die mit Guß bestrichenen Tortenstückchen jeweils an ein „Sahnetütchen“ schräg gesteckt anlehnen, so daß eine fächerartige Garnierung entsteht.

Schwarzwälder Rolle

	Einen Biskuitteig bereiten aus:
4 Eigelb 3–4 Eßl. warmem Wasser 125 g Zucker 1 Päckchen Dr. Oetker Vanillin-Zucker 4 Eiweiß 75 g Weizenmehl 50 g Dr. Oetker Gustin 1 Messerspitze Dr. Oetker Backpulver Backin*	
**bei großen Eiern die kleinere und bei kleinen Eiern die größere Wassermenge nehmen*	
	den Teig etwa 1 cm dick auf ein mit Aluminium-Haushaltsfolie oder Pergamentpapier belegtes Backblech streichen (damit der Teig an der offenen Seite des Backblechs nicht auslaufen kann, die Folie (Papier) unmittelbar vor dem Teig zur Falte knicken, so daß ein Rand entsteht), sofort backen
Gas:	5 Minuten vorheizen 3–4, backen 3–4
Strom:	200–225 (vorgeheizt)
Backzeit:	10–15 Minuten
Zucker	sofort nach dem Backen den Biskuit auf ein mit bestreutes Papier stürzen, die Folie (Papier) vorsichtig, aber schnell abziehen, den Biskuit mit der Unterlage aufrollen, kalt stellen
	für die Füllung
1 Päckchen Dr. Oetker Gelatine gemahlen, weiß	mit

3 Eßl. kaltem Wasser	anrühren, 10 Minuten zum Quellen stehenlassen, unter Rühren erwärmen, bis sie gelöst ist, kühl stellen
½ l Sahne	fast steif schlagen, die lauwarme Gelatinelösung
40 g Zucker *1 Päckchen* *Dr. Oetker* *Vanillin-Zucker*	hinzufügen, die Sahne vollkommen steif schlagen
2 Eßl. Kirschwasser	vorsichtig unterziehen
	die ausgekühlte Rolle vorsichtig auseinanderrollen, mit knapp ⅔ der Schlagsahne bestreichen, aufrollen (die äußere braune Haut beim Aufrollen entfernen!), von außen mit einem Teil der restlichen Schlagsahne bestreichen
etwa 100 g *zartbittere Schokolade*	raspeln, die Rolle damit bestreuen, mit der restlichen Schlagsahne verzieren, mit
kandierten Kirschen	garnieren.

Mandarinen-Omelettes

Als Vorarbeiten 30 cm breite Alufolie so falzen, daß 7mal ein 15 cm langes Stück aufeinander liegt, zwei Kreise von jeweils 15 cm Durchmesser nebeneinander aufzeichnen, ausschneiden, so daß 14 runde Folienblätter entstehen, diese über den Boden einer Konservendose (Durchmesser etwa 10 cm) legen, so daß Förmchen mit einem 2 cm hohen Rand entstehen

	für den Biskuitteig
3 Eier *60 g Zucker* *1 Päckchen* *Dr. Oetker* *Vanillin-Zucker*	über Wasserdampf mit einem Schneebesen so lange schlagen, bis eine cremeartige Masse entstanden ist, diese dann vom Wasserdampf nehmen, so lange weiter schlagen, bis sie wieder kalt ist
50 g Weizenmehl *50 g Dr. Oetker Gustin*	mischen, sieben
100 g Margarine, *z. B. Sanella*	zerlassen, abkühlen lassen, abwechselnd mit dem Mehl-Gustin-Gemisch vorsichtig unter die Eiercreme ziehen (nicht rühren!) den Teig in die gut gefetteten Folienförmchen verteilen
Gas:	5 Minuten vorheizen 3–4, backen 3–4
Strom:	200–225 (vorgeheizt)
Backzeit:	8–12 Minuten sofort nach dem Backen die Omelettes aus den Förmchen lösen, zur Hälfte leicht überschlagen (am besten über einen Rührlöffel), erkalten lassen, leicht mit
Puderzucker	bestäuben

	für die Füllung
etwa 300 g Mandarinenspalten (aus der Dose)	abtropfen lassen, den Saft auffangen
1 Zitrone	mit heißem Wasser abwaschen, abtrocknen, mit den Ecken von
1 Stück Würfelzucker	die Zitronenschale abreiben, die Zitrone auspressen, 2 Eßl. Zitronensaft zu dem Mandarinensaft geben, das Zuckerstück hinzufügen, unter Rühren auflösen
3/8 l Sahne	in eine Schüssel geben, den Saft hinzufügen, ½ Minute schlagen
2 schwach gehäufte Teel. Zucker	
2 Päckchen Dr. Oetker Sahnesteif	mischen, einstreuen, die Sahne steif schlagen, in die Omelettes spritzen, mit den Mandarinenspalten garnieren.

Rumkugeln

Farbfoto auf Seite 123

etwa 500 g Biskuitreste (von der Festtorte Rezept S. 68)	zerkrümeln, in eine Rührschüssel geben
4 Eßl. Rum	
¼ l Wasser	mischen, die Biskuitkrümel damit beträufeln
125 g Kokosfett	zerlassen, abkühlen lassen
60 g Puderzucker	mit
20 g Kakao	in eine Rührschüssel sieben
1 Päckchen Dr. Oetker Vanillin-Zucker	
1 Fläschchen Dr. Oetker Rum-Aroma	hinzufügen
1 Ei	und nach und nach das Kokosfett unterrühren, die Masse unter die Biskuitkrümel rühren, etwa 15 Kugeln daraus formen, in
etwa 75 g Schokoladenstreuseln	wälzen (am besten in einem Kaffeesieb), kalt stellen, damit sie fest werden.

Schokoladen-Nußtorte

7 Eier	mit einem elektrischen Handrührgerät 1 Minute auf der höchsten Stufe schlagen
200 g Zucker, 1 Päckchen Dr. Oetker Vanillin-Zucker	mischen, einstreuen, noch 2 Minuten schlagen
300 g Haselnußkerne	mahlen, mit
50 g Dr. Oetker Gustin	mischen, ⅓ davon auf die Eiercreme geben, kurz auf der niedrigsten Stufe unterrühren den Rest der Haselnußkerne in zwei Arbeitsgängen auf dieselbe Weise unterarbeiten den Teig in eine mit Papier ausgelegte Springform (Durchmesser etwa 26 cm) füllen, sofort backen
Gas:	2–3
Strom:	165–185 (vorgeheizt)
Backzeit:	50–60 Minuten den Tortenboden gut auskühlen lassen
	für die Füllung
1 Päckchen Dr. Oetker Gelatine gemahlen, weiß	mit
5 Eßl. kaltem Wasser	anrühren, 10 Minuten zum Quellen stehenlassen, unter Rühren erwärmen bis sie gelöst ist, kühl stellen
¾ l Sahne	fast steif schlagen, die lauwarme Gelatinelösung
1 Päckchen Dr. Oetker Vanillin-Zucker	hinzufügen, die Sahne vollkommen steif schlagen, ⅓ davon in einen Spritzbeutel füllen
100 g Schokolade	raspeln, vorsichtig unter die Schlagsahne heben den Tortenboden zweimal durchschneiden, den unteren Boden mit der Hälfte der Schokoladensahne bestreichen, den zweiten darauf le-

gen, mit der restlichen Schokoladensahne bestreichen, mit dem dritten bedecken

Rand und obere Seite der Torte gleichmäßig mit etwas Schlagsahne aus dem Spritzbeutel bestreichen

den Rand der Torte mit

50 g geraspelter Schokolade

bestreuen, mit der Schlagsahne aus dem Spritzbeutel die Torte verzieren.

Sahneringe

(etwa 12 Stück)

Farbfoto auf Seite 124

	Einen Brandteig bereiten aus
⅛ l Wasser *25 g Margarine, z. B. Sanella* *75 g Weizenmehl* *20 g Dr. Oetker Gustin* *2–3 Eiern* *1½ g (½ gestrichener Teel.) Dr. Oetker Backpulver Backin*	
	den Teig in einen Spritzbeutel (weite Tülle) füllen, in Form von Ringen (Durchmesser etwa 7 cm) auf ein mit
Dr. Oetker Kuchenform-Spray	gefettetes, mit
Weizenmehl	bestäubtes Backblech spritzen
Gas:	5 Minuten vorheizen 4–5, backen 4–5
Strom:	200–225 (vorgeheizt)
Backzeit:	25–30 Minuten während der ersten 15 Minuten Backzeit nicht in den Ofen sehen, da die Ringe sonst zusammenfallen sofort nach dem Backen die Ringe aufschneiden
	für die Füllung
etwa 175 g Mandarinenspalten (aus der Dose)	abtropfen lassen
¼ l Sahne	½ Minute schlagen

25 g Zucker	
1 Päckchen Dr. Oetker Vanillin-Zucker	
1 Päckchen Dr. Oetker Sahnesteif	mischen, einstreuen, die Sahne steif schlagen
3 Eßl. Mandarinensaft	vorsichtig unterziehen
	die Unterteile der Ringe mit etwas Schlagsahne bespritzen, die Mandarinenspalten darauf verteilen, die restliche Schlagsahne darüber spritzen, die Oberteile der Ringe darauf legen, leicht mit
Puderzucker	bestäuben.

Schwarz-Weiß-Torte

	Einen Biskuitteig bereiten aus:
4 Eigelb *4 Eßl. warmem Wasser* *125 g Zucker* *1 Päckchen Dr. Oetker Vanillin-Zucker* *4 Eiweiß* *50 g Weizenmehl* *50 g Dr. Oetker Gustin* *30 g Kakao* *1½ g (½ gestrichener Teel.) Dr. Oetker Backpulver Backin*	
	den Teig etwa 1 cm dick auf ein gefettetes, mit Aluminium-Haushaltsfolie oder Pergamentpapier belegtes Backblech streichen (damit der Teig an der offenen Seite des Backblechs nicht auslaufen kann, die Folie (Papier) unmittelbar vor dem Teig zur Falte kniffen, so daß ein Rand entsteht), sofort backen
Gas:	5 Minuten vorheizen 3–4, backen 3–4
Strom:	200–225 (vorgeheizt)
Backzeit:	10–15 Minuten
Zucker	sofort nach dem Backen den Biskuit auf ein mit bestreutes Papier stürzen, die Folie (Papier) vorsichtig, aber schnell abziehen
	für den Krokant
1 Messerspitze Butter *25 g Zucker*	zerlassen, unter Rühren so lange erhitzen, bis der Zucker schwach gebräunt ist
50 g Mandeln	abziehen, hacken, hinzufügen, unter Rühren

	erhitzen, bis der Krokant genügend gebräunt ist
	die Masse auf einer mit
Speiseöl	bestrichenen Platte erkalten lassen, in kleine Stücke zerstoßen
	für die Füllung
50 g Dr. Oetker Gustin	
100 g Zucker	mit
6 Eßl. kalter Milch	anrühren
½ l Milch	erhitzen, das angerührte Gustin unter Rühren in die kochende, von der Kochstelle genommene Milch geben, kurz aufkochen lassen, kalt stellen, ab und zu durchrühren
250 g Margarine, z. B. Sanella	schaumig rühren, den Gustinbrei eßlöffelweise daruntergeben (darauf achten, daß weder Fett noch Gustinbrei zu kalt sind, da dann die sogenannte Gerinnung eintritt!)
	die erkaltete Biskuitplatte gleichmäßig mit
6 Eßl. Rum	beträufeln (am besten mit Hilfe eines Pinsels)
150 g Johannisbeergelee	glattrühren
	die Biskuitplatte mit dem Gelee und mit ⅔ der Creme bestreichen
	die Platte der Länge nach in 6 Streifen von etwa 5 cm Breite schneiden
	den ersten Streifen spiralenförmig aufrollen, senkrecht hinstellen, die übrigen Streifen quer in Hälften schneiden, mit den Stücken die Spirale fortsetzen, so daß eine Torte entsteht
	Rand und obere Seite der Torte gleichmäßig mit der restlichen Creme bestreichen, den Rand mit dem Krokant bestreuen, die obere Seite mit einer Gabel spiralenförmig verzieren.

Aprikosen-Sahnetorte

Einen Knetteig bereiten aus:

150 g Weizenmehl
40 g Zucker
1 Päckchen Dr. Oetker Vanillin-Zucker
100 g Margarine, z. B. Sanella

sollte der Teig kleben, ihn eine Zeitlang kalt stellen
den Teig auf dem Boden einer Springform (Durchmesser etwa 26 cm) ausrollen, mehrmals mit einer Gabel einstechen

Gas: 5 Minuten vorheizen 3–4, backen 3–4
Strom: 200–225 (vorgeheizt)
Backzeit: Etwa 15 Minuten

sofort nach dem Backen den Boden vom Springformboden lösen, aber erst, wenn er erkaltet ist, ihn auf eine Tortenplatte legen
einen Biskuitteig bereiten aus:

3 Eigelb
*3–4 Eßl. warmem Wasser**
125 g Zucker
1 Päckchen Dr. Oetker Vanillin-Zucker
3 Eiweiß
75 g Weizenmehl
75 g Dr. Oetker Gustin
15 g Kakao
6 g (2 gestrichene Teel.) Dr. Oetker Backpulver Backin

*bei großen Eiern die kleinere und bei kleinen Eiern die größere Wassermenge nehmen

75 g Margarine, z. B. Sanella	zerlassen, abgekühlt vorsichtig hinzufügen den Teig in eine mit Papier ausgelegte Springform (Durchmesser etwa 26 cm) füllen, sofort backen
Gas:	3–4
Strom:	175–200 (vorgeheizt)
Backzeit:	20–30 Minuten den Tortenboden gut auskühlen lassen, einmal durchschneiden
	für die Füllung
1 kg Aprikosen (aus der Dose oder gedünstet)	abtropfen lassen, sie bis auf 12 Aprikosenhälften in kleine Stücke schneiden, den Saft auf ¼ l auffüllen (evtl. mit Wasser ergänzen!), mit 4 Eßl. von dem Saft
30 g Dr. Oetker Gustin 25 g Zucker	anrühren, den übrigen Saft erhitzen, das angerührte Gustin unter Rühren in den kochenden, von der Kochstelle genommenen Saft geben, kurz aufkochen lassen, die Aprikosenstückchen unterheben, kalt stellen
2 Eßl. Zitronensaft	unterrühren
½ l Sahne	½ Minute schlagen
50 g Puderzucker	sieben, mit
2 Päckchen Dr. Oetker Sahnesteif	mischen, einstreuen, die Sahne steif schlagen gut die Hälfte der Schlagsahne unter die erkaltete Aprikosencreme heben
	den Knetteigboden mit
3 Eßl. Aprikosen-Konfitüre	bestreichen, den unteren Biskuitboden darauf legen, mit der Aprikosensahne bestreichen, den oberen darauf legen, gut andrücken Rand und obere Seite der Torte gleichmäßig mit etwas von der zurückgelassenen Schlagsahne bestreichen, die obere Seite der Torte in 12

Stücke einteilen, auf jedes Stück eine Aprikosenhälfte legen, die Torte mit der restlichen Schlagsahne verzieren

½ Teel. Dr. Oetker Gelatine gemahlen, weiß mit
1 Eßl. Aprikosensaft (evtl. Wasser) anrühren, 10 Minuten zum Quellen stehenlassen, unter Rühren erwärmen bis sie gelöst ist, die Aprikosenhälften damit bestreichen den Rand der Torte mit
etwa 60 g abgezogenen, gehackten, gebräunten Mandeln bestreuen.

Mohrenkopftorte

	Einen Knetteig bereiten aus:
125 g Weizenmehl	
1 gestrichenem Eßl. Kakao	
40 g Zucker	
1 Päckchen Dr. Oetker Vanillin-Zucker	
1 Eßl. Wasser	
75 g Margarine, z. B. Sanella	
	sollte der Teig kleben, ihn kurze Zeit kalt stellen den Teig auf dem Boden einer Springform (Durchmesser etwa 26 cm) ausrollen, mehrmals mit einer Gabel einstechen
Gas:	5 Minuten vorheizen 3–4, backen 3–4
Strom:	200–225 (vorgeheizt)
Backzeit:	Etwa 15 Minuten
	sofort nach dem Backen den Boden vom Springformboden lösen, aber erst, wenn er erkaltet ist, ihn auf eine Tortenplatte legen einen Biskuitteig bereiten aus:
3 Eigelb	
*3–4 Eßl. warmem Wasser**	
150 g Zucker	
1 Päckchen Dr. Oetker Vanillin-Zucker	
3 Eiweiß	
100 g Weizenmehl	
100 g Dr. Oetker Gustin	
9 g (3 gestrichene Teel.) Dr. Oetker Backpulver Backin	

*bei großen Eiern die kleinere und bei kleinen Eiern die größere Wassermenge nehmen

75 g Margarine,	
z. B. Sanella	zerlassen, abgekühlt vorsichtig hinzufügen
	den Teig in eine mit Papier ausgelegte Springform (Durchmesser etwa 26 cm) füllen, sofort backen
Gas:	3–4
Strom:	175–200 (vorgeheizt)
Backzeit:	20–30 Minuten
	den Biskuitboden gut auskühlen lassen, einmal durchschneiden
	den Knetteigboden mit
etwa 3 Eßl.	
Aprikosen-Konfitüre	bestreichen, den unteren Biskuitboden darauf legen
	zum Tränken des Biskuitbodens
4 Eßl. Wasser	
50 g Zucker	aufkochen, nach dem Erkalten
6 Eßl. Rum	hinzufügen, den unteren Biskuitboden damit beträufeln
	aus dem oberen Biskuitboden mit einer runden Form (Durchmesser etwa 3,5 cm) 16 Plätzchen ausstechen
	für die Füllung
100 g zartbittere	
Schokolade	im Wasserbad oder auf der Automatikplatte zu einer geschmeidigen Masse verrühren
	eine Creme nach der Vorschrift bereiten aus:
½ l Milch	
von Zimmertemperatur	
1 Päckchen	
Dr. Oetker	
Torten-Creme-Pulver	
250 g Butter	
	die noch heiße Schokolade schnell unterrühren
	den getränkten Biskuitboden mit etwas Creme bestreichen, den „gelochten" Boden darauf legen, die Löcher mit Creme ausfüllen (am besten mit einem Spritzbeutel), Rand und obere

	Seite der Torte gleichmäßig mit Creme bestreichen
150 g Kuvertüre	im Wasserbad oder auf der Automatikplatte zu einer geschmeidigen Masse verrühren, die ausgestochenen Biskuitplätzchen damit überziehen
	die obere Seite der Torte in 16 Stücke einteilen, auf jedes einen „Mohrenkopf“ setzen
40 g Schokolade	reiben, den Rand der Torte damit bestreuen, nach Belieben die Torte mit der restlichen Creme verzieren.

Apfelsinen-Sahnetorte

	Farbfoto auf Seite 125
	Für den Biskuitteig
4 Eier, 200 g Zucker 1 Päckchen Dr. Oetker Vanillin-Zucker	über Wasserdampf mit einem Schneebesen so lange schlagen, bis eine cremeartige Masse entstanden ist, diese dann vom Wasserdampf nehmen, so lange weiter schlagen, bis sie wieder kalt ist
200 g Weizenmehl 3 g (1 gestrichener Teel.) Dr. Oetker Backpulver Backin	mischen, sieben, vorsichtig unter die Eiercreme ziehen (nicht rühren!)
200 g Margarine, z. B. Sanella	zerlassen, abgekühlt vorsichtig hinzufügen den Teig in eine mit Papier ausgelegte Springform (Durchmesser etwa 26 cm) füllen, sofort backen
Gas:	2–3
Strom:	150–175 (vorgeheizt)
Backzeit:	35–40 Minuten sofort nach dem Backen den Biskuit stürzen, das Papier abziehen, den Boden mehrmals mit einer Gabel einstechen zum Tränken des Biskuitbodens
100 g Zucker abgeriebene gelbe Schale von 2 Apfelsinen, 1 Zitrone (ungespritzt) Saft von 2 Apfelsinen,	

1 Zitrone	verrühren, den Biskuit damit beträufeln, erkalten lassen
1 schwach gehäuften Teel. Dr. Oetker Gelatine gemahlen, weiß	mit
2 Eßl. kaltem Wasser	anrühren, 10 Minuten zum Quellen stehenlassen, unter Rühren erwärmen, bis sie gelöst ist, kühl stellen
¼ l Sahne	fast steif schlagen, die lauwarme Gelatinelösung
25 g gesiebter Puderzucker	hinzufügen, die Sahne vollkommen steif schlagen
	Rand und obere Seite der Torte mit der Schlagsahne bestreichen, nach Belieben mit
Apfelsinenspalten	garnieren.

Weihnachtsgebäck

Feiner Honigkuchen auf dem Blech

375 g Langnese-Honig 125 g Zucker 1 Päckchen Dr. Oetker Vanillin-Zucker 100 g Margarine, z. B. Sanella 100 g Schweineschmalz	langsam erwärmen, zerlassen, in eine Rührschüssel geben, kalt stellen, unter die fast erkaltete Masse nach und nach
2 Eier 3 gestrichene Teel. gemahlenen Zimt ½ gestrichenen Teel. gemahlenen Kardamom ½ gestrichenen Teel. gemahlene Nelken 4 Tropfen Dr. Oetker Backöl Bittermandel 1 Fläschchen Dr. Oetker Rum-Aroma abgeriebene gelbe Schale einer Apfelsine (ungespritzt)	rühren
500 g Weizenmehl 1 Päckchen Dr. Oetker Backpulver Backin 30 g Kakao	mischen, sieben, nach und nach eßlöffelweise abwechselnd mit
knapp ⅛ l Milch	unterrühren
150 g Korinthen	waschen, gut abtropfen lassen
100 g Haselnußkerne	grob hacken
100 g Zitronat (Sukkade)	in kleine Würfel schneiden

	die Zutaten zuletzt unter den Teig heben, ihn gut 1 cm dick auf ein mit
Dr. Oetker Kuchenform-Spray	gefettetes Backblech streichen, vor den Teig ein mehrfach umgeknifftes Stück Aluminium-Haushaltsfolie legen
Gas:	5 Minuten vorheizen 3–4, backen 3–4
Strom:	175–200 (vorgeheizt)
Backzeit:	25–30 Minuten
	den Honigkuchen auf dem Backblech erkalten lassen
150 g Puderzucker 30 g Kakao	mischen, sieben, mit
etwa 2 Eßl. heißem Wasser	glattrühren, so daß eine dickflüssige Masse entsteht
20 g Kokosfett oder Butter	zerlassen, heiß darunter rühren
oder 200 g Kuvertüre	im Wasserbad oder auf der Automatikplatte zu einer geschmeidigen Masse verrühren den Kuchen mit einem der Güsse bestreichen, sofort mit einem scharfen Messer in Stücke von 6 × 6 cm schneiden.

Nuß-Marzipantaler

Einen Knetteig bereiten aus:

150 g Weizenmehl
1½ g
(½ gestrichener Teel.)
Dr. Oetker
Backpulver Backin
75 g Zucker
1 Päckchen
Dr. Oetker
Vanillin-Zucker
2 Eßl. Wasser
125 g Margarine,
z. B. Sanella
150 g gemahlenen
Haselnußkernen

sollte der Teig kleben, ihn eine Zeitlang kalt stellen
den Teig in kleinen Mengen etwa 2 mm dick ausrollen, runde Plätzchen (Durchmesser etwa 4 cm) ausstechen, auf ein Backblech legen

Gas: 5 Minuten vorheizen 3–4, backen 3–4
Strom: 175–200 (vorgeheizt)
Backzeit: 8–10 Minuten

für den Belag

250 g Schwartau
Marzipan-Rohmasse

mit

150 g gesiebtem
Puderzucker

verkneten, dünn auf

gesiebtem
Puderzucker

ausrollen, Plättchen in der Größe der Plätzchen ausstechen, die Plätzchen nach dem Erkalten nur in der Mitte sehr dünn mit

etwas Johannisbeergelee	bestreichen, mit den Marzipanplättchen abdecken
75–100 g Puderzucker	sieben, mit
2–3 Eßl. Rum oder Zitronensaft	glattrühren, so daß eine dünnflüssige Masse entsteht, die Marzipandecke dünn damit bestreichen, nach Belieben mit
feingehackten Haselnußkernen oder feingehackten Pistazien oder halbierten kandierten Kirschen	garnieren.

Zimt-Zucker-Plätzchen

Farbfoto auf Seite 123

	Einen Knetteig bereiten aus:
250 g Weizenmehl *50 g Dr. Oetker Gustin* *3 g (1 gestrichener Teel.) Dr. Oetker Backpulver Backin* *75 g Zucker* *1 Päckchen Dr. Oetker Vanillin-Zucker* *2 Eßl. Milch* *175 g Margarine, z. B. Sanella*	
	sollte der Teig kleben, ihn kurze Zeit kalt stellen gut die Hälfte des Teiges knapp 3 mm dick ausrollen, mit einer runden Form (Durchmesser etwa 4 cm) ausstechen, auf ein gefettetes Backblech legen
1 kleines Ei	verschlagen, die Teigplätzchen dünn damit bestreichen
25 g Zucker	mit
1 Messerspitze gemahlenem Zimt	mischen, auf die Teigplätzchen streuen den Rest des Teiges ebenfalls knapp 3 mm dick ausrollen, mit der gleichen Form ausstechen die Teigplätzchen mit einer kleineren Form (Durchmesser etwa 1,5 cm) dann so ausstechen, daß Ringe entstehen, jeweils 1 Ring auf die bestreuten Plätzchen legen, mit verschlagenem Ei bestreichen, mit
etwa 50 g Hagelzucker	bestreuen
Gas:	5 Minuten vorheizen 3–4, backen 3–4
Strom:	175–200 (vorgeheizt)
Backzeit:	Etwa 10 Minuten.

Kulleraugen

	Einen Knetteig bereiten aus:
250 g Weizenmehl *3 g* *(1 gestrichener Teel.)* *Dr. Oetker* *Backpulver Backin* *100 g Zucker* *1 Päckchen* *Dr. Oetker* *Vanillin-Zucker* *Salz* *3 Eigelb* *150 g Margarine,* *z. B. Sanella*	
	sollte der Teig kleben, ihn eine Zeitlang kalt stellen aus dem Teig daumendicke Rollen formen, diese in so große Stücke schneiden, daß sich daraus (mit bemehlten Händen) knapp walnußgroße Kugeln formen lassen, jede Kugel zuerst mit der oberen Seite in
etwas Eiweiß	tauchen, dann in
etwa 50 g abgezogene, gehackte Mandeln	drücken, mit der Teigseite auf ein Backblech legen, mit einem dünnen Holzlöffelstiel eine Vertiefung in jede Kugel drücken, diese mit
etwas roter Marmelade	füllen
Gas:	5 Minuten vorheizen 3–4, backen 3–4
Strom:	175–200 (vorgeheizt)
Backzeit:	Etwa 15 Minuten.

Eisenbahnschienen

Einen Knetteig bereiten aus:

250 g Weizenmehl
1 Messerspitze Dr. Oetker Backpulver Backin
75 g Zucker
1 Päckchen Dr. Oetker Vanillin-Zucker
2 Eigelb
1 Eßl. Milch oder Wasser
125 g Margarine, z. B. Sanella

sollte der Teig kleben, ihn eine Zeitlang kalt stellen

den Teig knapp ½ cm dick ausrollen, daraus in der Länge des Backblechs knapp 5 cm breite Streifen rädern, diese auf das Backblech legen

die Streifen der Länge nach nicht zu dick mit

etwa 150 g Aprikosen-Konfitüre bestreichen, dabei an jeder Seite einen Rand von etwa 1 cm Teig frei lassen

für die Makronenmasse

2 Eiweiß so steif schlagen, daß ein Messerschnitt sichtbar bleibt

75 g Zucker mit

1 Päckchen Dr. Oetker Vanillin-Zucker mischen, nach und nach eßlöffelweise darunter schlagen

2 Tropfen Dr. Oetker Backöl Bittermandel hinzufügen

100 g Mandeln abziehen, mahlen, zuletzt unter den Eierschnee heben die Makronenmasse in einen Spritzbeutel (Durchmesser der Tülle etwa ½ cm) füllen, jeweils an den Rändern auf die Teigstreifen spritzen

sollte Makronenmasse übrig bleiben, noch einen Makronenstrich mitten auf die Konfitüre spritzen

Gas: 5 Minuten vorheizen 3–4, backen 3–4

Strom: 175–200 (vorgeheizt)

Backzeit: Etwa 15 Minuten

sofort nach dem Backen die Gebäckstreifen in knapp 2 cm breite gerade oder schräge Streifen schneiden.

Tannenbäumchen

100 g Langnese-Honig *50 g Zucker* *Salz* *25 g Margarine, z. B. Sanella* *1 Eßl. Wasser*	langsam erwärmen, zerlassen, in eine Rührschüssel geben, kalt stellen, unter die fast erkaltete Masse
1 Ei *½ Teel. gemahlenen Zimt* *2 Tropfen Dr. Oetker Backöl Bittermandel*	rühren
250 g Weizenmehl *25 g Kakao* *9 g (3 gestrichene Teel.) Dr. Oetker Backpulver Backin*	mischen, sieben, nach und nach eßlöffelweise ⅔ davon unterrühren, den Rest des Mehls darunter kneten, sollte der Teig kleben, noch
etwas Weizenmehl	hinzufügen den Teig auf einem gefetteten Backblech (32 × 40 cm) ausrollen
Gas:	5 Minuten vorheizen 3–4, backen 3–4
Strom:	175–200 (vorgeheizt)
Backzeit:	Etwa 10 Minuten sofort nach dem Backen auf der Honigkuchenplatte mit einem spitzen Messer Sterne von verschiedener Größe (nach Papierschablonen) und pfenniggroße Stücke ausschneiden, diese mit Hilfe langer, runder Holzstäbchen (Schaschlikhölzchen) abwechselnd so aufspießen, daß Tannenbäumchen entstehen
175 g Puderzucker	sieben, mit so viel
Eiweiß	glattrühren, daß eine dickflüssige Masse entsteht, die Tannenbäumchen damit verzieren.

Korinthenplätzchen

Einen Knetteig bereiten aus:

250 g Weizenmehl
3 g
(1 gestrichener Teel.)
Dr. Oetker
Backpulver Backin
125 g Zucker
1 Päckchen
Dr. Oetker
Vanillin-Zucker
½ Fläschchen
Dr. Oetker Rum-Aroma
1 gestrichenen Teel.
gemahlenem Zimt
1 Ei
100 g Margarine,
z. B. Sanella
75 g gewaschenen,
gut
abgetropften Korinthen

sollte der Teig kleben, ihn eine Zeitlang kalt stellen

den Teig etwa 2 mm dick ausrollen, mit einer runden Form (Durchmesser etwa 4 cm) ausstechen, auf ein

gefettetes Backblech legen

Gas: 5 Minuten vorheizen 3–4, backen 3–4

Strom: 175–200 (vorgeheizt)

Backzeit: Etwa 10 Minuten.

Mohntorte

	Für die Füllung
1/8 l Milch	
150 g Zucker	
100 g Margarine, z. B. Sanella	zum Kochen bringen, von der Kochstelle nehmen
400 g gemahlenen Mohn	
1 gestrichenen Teel. gemahlenen Zimt	
1 Ei	
2 Eßl. Sahne oder Dosenmilch	
5 Eßl. Weinbrand	
2 Eßl. Rosenwasser	nach und nach hinzufügen
100 g Korinthen	waschen, gut abtropfen lassen, zuletzt unter die Füllung rühren, kalt stellen
	einen Knetteig bereiten aus:
500 g Weizenmehl	
1 Päckchen Dr. Oetker Backpulver Backin	
200 g Zucker	
1 Päckchen Dr. Oetker Vanillin-Zucker	
Salz	
2 Eiern	
125 g Margarine, z. B. Sanella	
250 g Speisequark	
etwas Weizenmehl	sollte der Teig kleben, noch hinzufügen
	den Teig in 6 gleiche Stücke teilen, 5 davon jeweils zu einem Boden in der Größe der Springform (Durchmesser etwa 26 cm) ausrollen

	bei Platzmangel die Böden leicht mit
Weizenmehl	bestäuben, übereinanderlegen, den letzten Boden sofort in die gefettete Springform legen aus dem 6. Teigstück eine Rolle formen, sie als Rand auf den Boden legen, so an die Form drücken, daß der Rand etwa 5 cm hoch wird ¼ der erkalteten Mohnfüllung in die Form geben, verstreichen, mit einer Teigplatte bedekken auf diese Weise die restliche Füllung mit 2 weiteren Teigplatten abwechselnd einfüllen, die oberste Schicht muß aus Mohn bestehen aus der letzten Teigplatte 16–20 gleichmäßig breite Streifen rädern, gitterförmig über den Mohn legen, mit
Milch	bestreichen
Gas:	3–4
Strom:	175–200 (vorgeheizt)
Backzeit:	60–80 Minuten falls die Torte gegen Ende der Backzeit zu stark bräunt, sie mit Aluminium-Haushaltsfolie abdecken.

Haferflocken-Häufle

200 g Margarine, z. B. Sanella	zerlassen, in eine Rührschüssel geben, erkalten lassen, nach und nach unter Rühren
200 g Zucker, 1 Päckchen Dr. Oetker Vanillin-Zucker 6 gestrichene Teel. Lebkuchengewürz 2 Tropfen Dr. Oetker Backöl Bittermandel, 2 Eier	hinzufügen
250 g Weizenmehl 1 Päckchen Dr. Oetker Backpulver Backin 10 g Kakao	mischen, sieben, nach und nach eßlöffelweise unterrühren
250 g Haferflocken	abwechselnd mit
⅛ l Milch	unterrühren
50 g Haselnußkerne	mahlen
50 g Zitronat (Sukkade) 50 g Orangeat	in kleine Würfel schneiden, die Zutaten zuletzt unterrühren, mit 2 Teelöffeln kleine Teighäufchen auf ein gefettetes Backblech setzen
Gas:	5 Minuten vorheizen 3–4, backen 3–4
Strom:	175–200 (vorgeheizt)
Backzeit:	10–15 Minuten.

Mandelspekulatius

	Einen Knetteig bereiten aus:
250 g Weizenmehl 1 Messerspitze Dr. Oetker Backpulver Backin 125 g Zucker, 1 Päckchen Dr. Oetker Vanillin-Zucker ½ Fläschchen Dr. Oetker Rum-Aroma 1 gut gehäuften Teel. gemahlenem Zimt ½ gestrichenen Teel. gemahlenem Kardamom 1 Messerspitze gemahlener Muskatblüte 1 Ei 75 g Margarine, z. B. Sanella 75 g gemahlenen Mandeln	
	sollte der Teig kleben, ihn eine Zeitlang kalt stellen, das Backbrett (Tischplatte) dicht mit
etwa 50 g Spaltmandeln	bestreuen, den Teig dünn darauf ausrollen, mit beliebigen Formen (vor allem Tierformen) ausstechen, mit
Dosenmilch	bestreichen, auf ein gefettetes Backblech legen
Gas:	5 Minuten vorheizen 3–4, backen 3–4
Strom:	175–200 (vorgeheizt)
Backzeit:	Etwa 10 Minuten.

Weihnachts-Eisenbahn

250 g Langnese-Honig	
50 g Zucker	
1 Päckchen Dr. Oetker Vanillin-Zucker	
100 g Margarine, z. B. Sanella	langsam erwärmen, zerlassen, in eine Rührschüssel geben, kalt stellen, unter die fast erkaltete Masse nach und nach
1 Ei	
2 gestrichene Teel. gemahlenen Zimt	
½ gestrichenen Teel. gemahlenen Kardamom	
½ gestrichenen Teel. gemahlene Nelken	
1 Fläschchen Dr. Oetker Rum-Aroma	rühren
375 g Weizenmehl	
9 g (3 gestrichene Teel.) Dr. Oetker Backpulver Backin	
1 gestrichenen Eßl. Kakao	mischen, sieben, nach und nach eßlöffelweise mit
5 Eßl. Milch	unterrühren
	den Teig mit einem Teigschaber in einem Rechteck von 35 × 20 cm auf ein gefettetes Backblech streichen, vor den Teig ein mehrfach umgeknifftes Stück Aluminium-Haushaltsfolie legen
Gas:	5 Minuten vorheizen 3–4, backen 3–4
Strom:	175–200 (vorgeheizt)
Backzeit:	Etwa 20 Minuten
	den Honigkuchen auf dem Backblech gut aus-

	kühlen lassen, auf die erkaltete Kuchenplatte das Papiermuster legen, mit einem spitzen Messer die Teile der Eisenbahn ausschneiden, dabei darauf achten, daß zum Zusammenkleben für die Lokomotive zwei Teile gleich sein müssen, das eine darum beim Ausschneiden umgekehrt aufgelegt werden muß
175 g Puderzucker	sieben, mit
1 Eiweiß	glattrühren, so daß eine dickflüssige Masse entsteht, für die Wagen und Lokomotive jeweils 2 Teile mit Eiweißguß aneinanderkleben, auf die gleiche Weise die Räder aus
Schokoladengeld	und alle übrigen
Zuckersachen	ankleben
4 Schokoladenriegel (farbig eingepackt)	zusammenkleben, als Schornstein auf der Lokomotive anbringen, den Rauch aus
Watte	herstellen, die Eisenbahn leicht mit
Puderzucker	bestäuben.

Honigplätzchen mit Zimtguß

	Für den Teig
250 g Langnese-Honig	
100 g Zucker	
Salz	
100 g Margarine, z. B. Sanella	langsam erwärmen, zerlassen, in eine Rührschüssel geben, kalt stellen, unter die fast erkaltete Masse
2 Eßl. Milch oder Wasser	
3 Tropfen Dr. Oetker Backöl Zitrone	
1 gestrichenen Teel. gemahlenen Anis	
1 gestrichenen Teel. gemahlene Nelken	
1 gestrichenen Teel. gemahlenen Zimt	rühren
500 g Weizenmehl	
9 g (3 gestrichene Teel.) Dr. Oetker Backpulver Backin	
20 g Kakao	mischen, sieben, nach und nach ⅔ davon unterrühren, den Rest des Mehls darunter kneten, sollte der Teig kleben, noch
etwas Weizenmehl	hinzufügen
	den Teig dünn ausrollen, Rechtecke von 2 × 6 cm daraus rädern, auf ein gefettetes Backblech legen
Gas:	5 Minuten vorheizen 3–4, backen 3–4
Strom:	175–200 (vorgeheizt)
Backzeit:	Etwa 10 Minuten

für den Zimtguß

175 g Puderzucker	
1 gestrichenen Teel. gemahlenen Zimt	mischen, sieben, mit
3–4 Eßl. heißem Wasser	glattrühren, so daß eine dünnflüssige Masse entsteht die erkalteten Honigplätzchen damit bestreichen, nach Belieben mit
Buntzucker	bestreuen (evtl. nicht bestrichene Plätzchen so aufbewahren).

Hefegebäck

Mandelbrot

1 Päckchen Dr. Oetker Hefe	
1 Teel. Zucker	mit 5 Eßl. von
⅛ l lauwarmer Milch	ansetzen, gehen lassen
	einen gekneteten Hefeteig bereiten aus:
500 g Weizenmehl –gegangener Hefe, restl. Milch– 50 g Zucker, 1 Päckchen Dr. Oetker Vanillin-Zucker Salz 100 g zerlassener Margarine, z. B. Sanella 2 Eiern	
125 g Rosinen	
100 g Korinthen	waschen, gut abtropfen lassen
50 g Zitronat (Sukkade)	in feine Würfel schneiden
50 g Mandeln	abziehen, hacken, die Zutaten zuletzt unter den Teig kneten, den Teig an einem warmen Ort so lange stehenlassen, bis er etwa doppelt so hoch ist, ihn dann gut durchkneten, zu einer Kugel formen, auf ein gefettetes Backblech legen, an einem warmen Ort nochmals so lange stehenlassen, bis der Teig etwa doppelt so hoch ist
	die Kugel mit
Dosenmilch	bestreichen, mit
1 Eßl. Hagelzucker 1 Eßl. abgezogenen, gehackten Mandeln	bestreuen, in den Backofen schieben
Gas:	3–4
Strom:	175–200 (vorgeheizt)
Backzeit:	Etwa 50 Minuten.

Korinthenbrötchen

Farbfoto auf Seite 126

½ Päckchen (1 schwach gehäufter Teel.) Dr. Oetker Hefe ½ Teel. Zucker 4 Eßl. lauwarme Milch	ansetzen, gehen lassen einen gekneteten Hefeteig bereiten aus:
250 g Weizenmehl –gegangener Hefe– 250 g Zucker, 1 Päckchen Dr. Oetker Vanillin-Zucker Salz 50 g zerlassener Margarine, z. B. Sanella 1 Ei	
75 g Korinthen	waschen, gut abtropfen lassen, zuletzt unter den Teig kneten den Teig an einem warmen Ort so lange stehenlassen, bis er etwa doppelt so hoch ist, ihn dann gut durchkneten, zu einer 30 cm langen Rolle formen, etwa 2 cm dicke Scheiben davon abschneiden, zu Brötchen formen, auf ein gefettetes Backblech legen, an einem warmen Ort nochmals so lange stehenlassen, bis sie etwa doppelt so hoch sind, mit
Dosenmilch	bestreichen, in den Backofen schieben
Gas:	5 Minuten vorheizen 4–5, backen 4–5
Strom:	200–225 (vorgeheizt)
Backzeit:	Etwa 15 Minuten.

Nußrolle

½ Päckchen (1 schwach gehäufter Teel.) Dr. Oetker Hefe	
½ Teel. Zucker	
4 Eßl. lauwarme Milch	ansetzen, gehen lassen einen gekneteten Hefeteig bereiten aus:
250 g Weizenmehl –gegangener Hefe–	
25 g Zucker	
1 Päckchen Dr. Oetker Vanillin-Zucker	
Salz	
50 g zerlassener Margarine, z. B. Sanella	
1 Ei	
	den Teig an einem warmen Ort so lange stehenlassen, bis er etwa doppelt so hoch ist, ihn dann gut durchkneten, zu einem Rechteck von 30 × 40 cm ausrollen
	für die Füllung
100 g Margarine, z. B. Sanella	mit
100 g Zucker	
1 Päckchen Dr. Oetker Vanillin-Zucker	
3 Eßl. Milch	zerlassen
125 g Haselnußkerne	mahlen, unterrühren, etwas abkühlen lassen, gleichmäßig auf dem Teig verteilen, die kürzeren Seiten etwas einschlagen, den Teig von der längeren Seite her fest aufrollen, die Rolle auf ein gefettetes Backblech legen, an einem warmen Ort nochmals so lange stehenlassen, bis

	sie etwa doppelt so hoch ist
	die Oberseite der Rolle in einer Zickzacklinie etwa ½ cm tief einschneiden, mit
Dosenmilch	bestreichen, in den Backofen schieben
Gas:	3–4
Strom:	175–200 (vorgeheizt)
Backzeit:	Etwa 25 Minuten.

Frühstücksbrot

1 Päckchen Dr. Oetker Hefe	
1 Teel. Zucker	mit 5 Eßl. von
gut ¼ l lauwarmer Milch	ansetzen, gehen lassen
	einen gekneteten Hefeteig bereiten aus:
500 g Weizenmehl –gegangener Hefe, restl. Milch– 4 Eßl. Speiseöl 1 gestrichenen Teel. Salz	
	den Teig an einem warmen Ort so lange stehenlassen, bis er etwa doppelt so hoch ist, ihn dann gut durchkneten, in der Länge einer Kastenform zu einer Rolle formen, in die gefettete Kastenform geben den Teig an einem warmen Ort nochmals so lange stehenlassen, bis er etwa um die Hälfte höher ist, ihn der Länge nach etwa 1½ cm tief einschneiden, mit
Dosenmilch	bestreichen, in den Backofen schieben
Gas:	3–4
Strom:	175–200 (vorgeheizt)
Backzeit:	25–35 Minuten.

Christstollen

2 Päckchen	
Dr. Oetker Hefe	
2 Teel. Zucker	mit 5 Eßl. von
$\frac{1}{5}$ l (200 ccm)	
lauwarmer Milch	ansetzen, gehen lassen
	einen gekneteten Hefeteig bereiten aus:
750 g Weizenmehl	
–gegangener Hefe,	
restl. Milch–	
125 g Zucker,	
1 Päckchen	
Dr. Oetker	
Vanillin-Zucker	
Salz	
1 Fläschchen	
Dr. Oetker	
Rum-Aroma	
6 Tropfen	
Dr. Oetker	
Backöl Zitrone	
6 Tropfen	
Dr. Oetker	
Backöl Bittermandel	
1 Messerspitze	
gemahlenem	
Kardamom	–
1 Messerspitze	
gemahlener	
Muskatblüte	
250 g zerlassener	
Margarine,	
z. B. Sanella	
250–375 g Rosinen	
125 g Korinthen	waschen, gut abtropfen lassen
100 g	
Zitronat (Sukkade)	in feine Würfel schneiden
100 g Mandeln	abziehen, mahlen

die Zutaten zuletzt unter den Teig kneten
den Teig an einem warmen Ort so lange stehenlassen, bis er etwa doppelt so hoch ist, ihn dann gut durchkneten, zu einem abgerundeten Rechteck (32 × 15 cm) ausrollen, ⅓ des Teigstücks von der längeren Seite aus dünner ausrollen, mit etwas von

75 g weicher Butter	bestreichen, die übrigen ⅔ des Teiges so darüber schlagen, daß ein etwa 2 cm breiter Rand frei bleibt
	den geformten Stollen auf ein mit Aluminium-Haushaltsfolie belegtes Backblech legen, an einem warmen Ort nochmals so lange stehenlassen, bis er sich sowohl in der Breite wie in der Höhe etwa um die Hälfte vergrößert hat, ihn erst dann in den Backofen schieben
Gas:	2–3
Strom:	150–175 (vorgeheizt)
Backzeit:	45–55 Minuten
	sofort nach dem Backen den Stollen mit der restlichen Butter bestreichen, mit
50 g Puderzucker	bestäuben.

Hefe-Waffeln

Farbfoto auf Seite 127

2½ Päckchen (1 schwach gehäufter Teel.) Dr. Oetker Hefe
½ Teel. Zucker
3 Eßl. lauwarmes Wasser ansetzen, gehen lassen

einen gerührten Hefeteig bereiten aus:

125 g Margarine, z. B. Sanella
50 g Zucker,
1 Päckchen Dr. Oetker Vanillin-Zucker
½ Fläschchen Dr. Oetker Rum-Aroma
1 Messerspitze gemahlenem Zimt
Salz, 3 Eiern
–gegangener Hefe–
250 g Weizenmehl
⅛ l lauwarmem Wasser

den Teig mit einem Rührlöffel so lange schlagen, bis er Blasen wirft, an einem warmen Ort so lange stehenlassen, bis er etwa doppelt so hoch ist, ihn noch einmal durchschlagen, in nicht zu großen Mengen in ein gut erhitztes, gefettetes Waffeleisen füllen, sofort gut verstreichen

die Waffeln von beiden Seiten goldbraun backen, mit

Puderzucker bestäuben

die Waffeln heiß servieren.

Gefüllte Halbmonde

(etwa 12 Stück)

1 Päckchen Dr. Oetker Hefe	
1 Teel. Zucker	mit 5 Eßl. von
⅛ l lauwarmer Milch	ansetzen, gehen lassen
	einen gekneteten Hefeteig bereiten aus:
300 g Weizenmehl –gegangener Hefe, restl. Milch– 50 g Zucker 1 Päckchen Dr. Oetker Vanillin-Zucker 3 Tropfen Dr. Oetker Backöl Zitrone Salz 50 g zerlassener Margarine, z. B. Sanella 1 Ei	
	den Teig an einem warmen Ort so lange stehenlassen, bis er etwa doppelt so hoch ist, ihn dann gut durchkneten, gut 1 cm dick ausrollen, mit einem Metallring (Durchmesser etwa 10 cm) so ausstechen, daß Halbmonde entstehen, sie auf ein gut mit
Weizenmehl	bestäubtes Backbrett legen, an einem warmen Ort nochmals so lange stehenlassen, bis sie etwa doppelt so hoch sind, die „Halbmonde" schwimmend in siedendem
Ausbackfett	auf beiden Seiten hellbraun backen, mit einem Schaumlöffel herausnehmen, auf einen Kuchenrost zum Abtropfen legen, erkalten lassen

für die Füllung

1 Päckchen Dr. Oetker Pudding-Pulver Vanille-Geschmack

50 g Zucker mischen von

½ l kalter Milch 6 Eßl. abnehmen, das Pudding-Pulver damit anrühren, die übrige Milch erhitzen, das angerührte Pudding-Pulver unter Rühren in die kochende, von der Kochstelle genommene Milch geben, kurz aufkochen lassen, kalt stellen, ab und zu durchrühren

150 g Butter schaumig rühren, den Pudding eßlöffelweise darunter geben (darauf achten, daß weder Butter noch Pudding zu kalt sind, da dann die sogenannte Gerinnung eintritt!)

die „Halbmonde“ jeweils an der äußeren Seite bis gut zur Mitte aufschneiden, die Buttercreme hineinspritzen das Gebäck mit

Puderzucker bestäuben.

Nuß-Bienenstich

Farbfoto auf Seite 128

1 Päckchen Dr. Oetker Hefe	
1 Teel. Zucker	mit 5 Eßl. von
⅛ l lauwarmer Milch	ansetzen, gehen lassen, einen gekneteten Hefeteig bereiten aus:
500 g Weizenmehl –gegangener Hefe, restl. Milch– 75 g Zucker 1 Päckchen Dr. Oetker Vanillin-Zucker Salz 100 g zerlassener Margarine, z. B. Sanella 2 Eiern	
	den Teig an einem warmen Ort so lange stehenlassen, bis er etwa doppelt so hoch ist, ihn dann gut durchkneten, auf einem gefetteten Backblech ausrollen
	für den Belag
100 g Butter	mit
100 g Zucker 1 Päckchen Dr. Oetker Vanillin-Zucker 4 Eßl. Milch	zerlassen
125 g Haselnußkerne	in Scheiben schneiden
125 g Haselnußkerne	mahlen, unterrühren, etwas abkühlen lassen, gleichmäßig auf dem Teig verteilen, vor den Teig ein mehrfach umgeknifftes Stück Aluminium-Haushaltsfolie legen
	den Teig an einem warmen Ort nochmals so

lange stehen lassen, bis er etwa doppelt so hoch ist, ihn erst dann in den Backofen schieben

Gas: 5 Minuten vorheizen 4–5, backen 4–5
Strom: 200–225 (vorgeheizt)
Backzeit: Etwa 15 Minuten

für die Füllung eine Vanille-Buttercreme nach der Vorschrift bereiten aus:

½ l Milch von Zimmertemperatur
1 Päckchen Dr. Oetker Torten-Creme-Pulver
250 g Margarine, z. B. Sanella

etwa ⅔ des erkalteten Gebäcks waagerecht durchschneiden, mit der Creme füllen, den Rest des Gebäcks ohne Füllung servieren.

Schneckenkuchen

1 Päckchen Dr. Oetker Hefe	
1 Teel. Zucker	mit 5 Eßl. von
⅛ l lauwarmer Milch	ansetzen, gehen lassen einen gekneteten Hefeteig bereiten aus:
500 g Weizenmehl *–gegangener Hefe, restl. Milch–* *50 g Zucker* *1 Päckchen Dr. Oetker Vanillin-Zucker* *Salz* *100 g zerlassener Margarine, z. B. Sanella* *2 Eiern*	
	den Teig an einem warmen Ort so lange stehenlassen, bis er etwa doppelt so hoch ist, ihn dann gut durchkneten, die Hälfte des Teiges auf einem mit
Dr. Oetker Kuchenform-Spray	gefetteten Backblech dünn ausrollen, mehrmals mit einer Gabel einstechen
	für den Belag
3 Eßl. Johannisbeergelee	durch ein Sieb streichen, den Teig damit bestreichen die andere Teighälfte in der Größe von 80 × 20 cm ausrollen, mit
75 g weicher Butter	bestreichen
100 g Mandeln	abziehen, mahlen, mit
50 g Zucker	mischen, darauf streuen (leicht andrücken) den Teig von der längeren Seite her fest aufrollen, mit einem scharfen Messer etwa 3 mm dikke Scheiben abschneiden, in Abständen von

	etwa 1 cm auf den Teig legen, an einem warmen Ort nochmals so lange stehenlassen, bis er etwa doppelt so hoch ist, ihn erst dann in den Backofen schieben
Gas:	5 Minuten vorheizen 4–5, backen 4–5
Strom:	200–225 (vorgeheizt)
Backzeit:	15–20 Minuten
75 g Zucker	mit
etwa 2 Eßl. Wasser	aufkochen, sofort nach dem Backen das Gebäck damit bestreichen.

Prilleken und Mandelringe

1 Päckchen Dr. Oetker Hefe	
1 Teel. Zucker	mit 5 Eßl. von
⅛ l lauwarmer Milch	ansetzen, gehen lassen
	einen gekneteten Hefeteig bereiten aus:
500 g Weizenmehl –gegangener Hefe, restl. Milch– 50 g Zucker 1 Päckchen Dr. Oetker Vanillin-Zucker Salz 100 g zerlassener Margarine, z. B. Sanella 2 Eiern	
	den Teig an einem warmen Ort so lange stehenlassen, bis er etwa doppelt so hoch ist, ihn dann gut durchkneten
	für die **Prilleken**
100 g Rosinen	waschen, gut abtropfen lassen, unter die Hälfte des Teiges kneten
	den Teig etwa 1 cm dick ausrollen, runde Formen von beliebiger Größe ausstechen
	für die **Mandelringe**
75 g Mandeln	abziehen, hacken, unter den Rest des Teiges kneten, den Teig etwa 1 cm dick ausrollen, Ringe (Durchmesser etwa 8 cm) ausstechen
	die Teigstücke auf ein mit

Weizenmehl	bestäubtes Backbrett legen, an einem warmen Ort nochmals so lange stehenlassen, bis sie etwa doppelt so hoch sind, sie schwimmend in siedendem
Ausbackfett	auf beiden Seiten hellbraun backen, mit einem Schaumlöffel herausnehmen, auf einen Kuchenrost zum Abtropfen legen, in
Zucker	wälzen.

Butter-, Streusel-, Apfel- oder Pflaumenkuchen

1 Päckchen Dr. Oetker Hefe *1 Teel. Zucker*	mit 5 Eßl. von
¼ l lauwarmer Milch	ansetzen, gehen lassen einen gekneteten Hefeteig bereiten aus:
500 g Weizenmehl *–gegangener Hefe, restl. Milch–* *75 g Zucker* *1 Päckchen Dr. Oetker Vanillin-Zucker* *Salz* *75 g zerlassener Margarine, z. B. Sanella*	
	den Teig an einem warmen Ort so lange stehenlassen, bis er etwa doppelt so hoch ist, ihn dann gut durchkneten, auf einem gefetteten Backblech ausrollen, vor den Teig ein mehrfach umgeknifftes Stück Aluminium-Haushaltsfolie legen
	für **Butterkuchen**
100–125 g Butter	in Flöckchen gleichmäßig auf den Teig setzen oder zerlassen darauf streichen
75 g Zucker *1 Päckchen Dr. Oetker Vanillin-Zucker*	mischen, darüber streuen
50 g Spaltmandeln oder in Scheiben geschnittene Haselnußkerne	gleichmäßig darüber verteilen den Teig an einem warmen Ort nochmals so lange stehenlassen, bis er etwa doppelt so

hoch ist, ihn erst dann in den Backofen schieben

Gas: 5 Minuten vorheizen 4–5, backen 4–5
Strom: 200–225 (vorgeheizt)
Backzeit: Etwa 15 Minuten

für **Streuselkuchen**

300 g Weizenmehl in eine Rührschüssel sieben, mit
150 g Zucker
1 Päckchen Dr. Oetker Vanillin-Zucker
etwas gemahlenem Zimt mischen
150–200 g Butter in Flöckchen dazugeben, alle Zutaten mit den Händen oder mit 2 Gabeln zu Streuseln vermengen, gleichmäßig auf dem Teig verteilen
den Teig an einem warmen Ort nochmals so lange stehenlassen, bis er etwa doppelt so hoch ist, ihn erst dann in den Backofen schieben

Backzeit: 15–25 Minuten (Schalterstellung wie oben)

für **Apfelkuchen**

1–1½ kg Äpfel schälen, vierteln, entkernen, in dicke Scheiben schneiden, gleichmäßig auf den Teig legen
den Teig an einem warmen Ort nochmals so lange stehenlassen, bis er etwa doppelt so hoch ist, ihn erst dann in den Backofen schieben

Backzeit: 20–30 Minuten (Schalterstellung wie oben)
den etwas ausgekühlten Kuchen mit
Zucker bestreuen

für **Pflaumenkuchen**

1–2 kg Pflaumen waschen, gut abtropfen lassen, einzeln mit einem Tuch abreiben, entsteinen und – mit der Innenseite nach oben – auf den Teig legen
den Teig an einem warmen Ort nochmals so lange stehenlassen, bis er etwa doppelt so hoch ist, ihn erst dann in den Backofen schieben

Backzeit: 20–30 Minuten (Schalterstellung wie oben)
den etwas ausgekühlten Kuchen mit
Zucker bestreuen.

Hefe-Quarkbällchen

1 Päckchen Dr. Oetker Hefe *1 Teel. Zucker* *5 Eßl. lauwarme Milch*	ansetzen, gehen lassen
	einen gerührten Hefeteig bereiten aus:
50 g Margarine, z. B. Sanella *75 g Zucker,* *Salz, 1 Ei* *1 Päckchen Dr. Oetker Vanillin-Zucker* *3 Tropfen Dr. Oetker Backöl Zitrone* *200 g Speisequark* *200 g Weizenmehl* *–gegangener Hefe–* *evtl. 1 Eßl. Milch*	
	den Teig mit einem Rührlöffel so lange schlagen, bis er Blasen wirft, an einem warmen Ort so lange stehenlassen, bis er etwa doppelt so hoch ist, ihn noch einmal durchschlagen
75 g Rosinen	waschen, gut abtropfen lassen, zuletzt unter den Teig heben
Ausbackfett	zerlassen, einen Teelöffel hineintauchen, dann damit Teigbällchen abstechen, schwimmend in dem siedenden Fett auf beiden Seiten hellbraun backen, mit einem Schaumlöffel herausnehmen, auf einen Kuchenrost zum Abtropfen legen, die Quarkbällchen nach Belieben heiß oder kalt servieren.
Beigabe:	Kompott.

Frühstücksgebäck

1 Päckchen Dr. Oetker Hefe	
1 Teel. Zucker	mit 5 Eßl. von
gut ¼ l lauwarmer Milch	ansetzen, gehen lassen einen gekneteten Hefeteig bereiten aus:
500 g Weizenmehl –gegangener Hefe, restl. Milch– 4 Eßl. Speiseöl 1 gestrichenen Teel. Salz	
	den Teig an einem warmen Ort so lange stehenlassen, bis er etwa doppelt so hoch ist, ihn dann gut durchkneten, zu runden und länglichen Brötchen, zu Brezeln und zu Hörnchen formen, auf ein gefettetes Backblech legen, die runden Brötchen auf der Oberseite über Kreuz, die langen Brötchen der Länge nach einschneiden, an einem warmen Ort nochmals so lange stehenlassen, bis sie etwa doppelt so hoch sind die Teigstücke mit
Dosenmilch	bestreichen, die Brötchen nachschneiden, Brezel und Hörnchen nach Belieben mit
Kümmel oder Mohn	bestreuen, die Teigstücke in den Backofen schieben
Gas:	5 Minuten vorheizen 6–7, backen 6–7
Strom:	225–250 (vorgeheizt)
Backzeit:	Etwa 15 Minuten.

Apfelkuchen mit Guß

1 Päckchen Dr. Oetker Hefe	
1 Teel. Zucker	mit 5 Eßl. von
⅛ l lauwarmer Milch	ansetzen, gehen lassen
	einen gekneteten Hefeteig bereiten aus:
500 g Weizenmehl –gegangener Hefe, restl. Milch– 50 g Zucker 1 Päckchen Dr. Oetker Vanillin-Zucker Salz 100 g zerlassener Margarine, z. B. Sanella 2 Eiern	
	den Teig an einem warmen Ort so lange stehenlassen, bis er etwa doppelt so hoch ist, ihn dann gut durchkneten die Hälfte des Teiges auf einem mit
Dr. Oetker Kuchenform-Spray	gefetteten Backblech ausrollen, an einem warmen Ort nochmals so lange stehenlassen, bis er etwa doppelt so hoch ist
	für den Belag
1½ kg Äpfel	schälen, vierteln, entkernen, in kleine Stücke schneiden
75–100 g Butter	zerlassen, leicht bräunen, die Äpfel hinzufügen, mit
100 g gewaschenen, gut abgetropften Rosinen	
50 g Zucker	leicht dünsten lassen, kalt stellen, evtl. noch mit
Zucker	abschmecken, gleichmäßig auf dem Teig verteilen

1 Ei	
50 g Zucker	
⅛ l Sahne	verschlagen, über die Apfelmasse verteilen (gut 1 Eßl. voll zurücklassen)
	die andere Teighälfte dünn ausrollen, daraus 1 cm breite Streifen rädern, gitterförmig über die Apfelschicht legen, den Teig an einem warmen Ort nochmals so lange stehenlassen, bis sich die Teigstreifen verdoppelt haben, sie dann mit der zurückgelassenen Eisahne bestreichen, in den Backofen schieben
Gas:	5 Minuten vorheizen 4–5, backen 4–5
Strom:	200–225 (vorgeheizt)
Backzeit:	Etwa 15 Minuten.

Rezeptverzeichnis

Rezeptverzeichnis, alphabetisch